大展好書　好書大展
品嘗好書　冠群可期

大展好書　好書大展

品嘗好書　冠群可期

實用武術技擊⑫

武當拳法實用制敵術

賀春林 主編

大展出版社有限公司

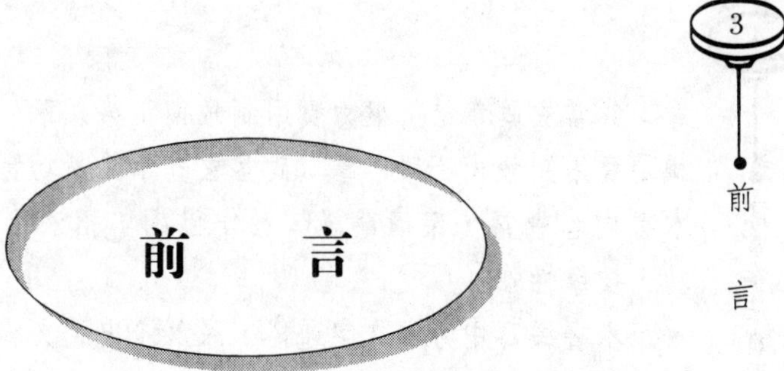

前　言

中國武術歷史悠久，源遠流長；既有少林、武當之分；又有南拳、北腿之別。中國武術是炎黃子孫勤勞和智慧的結晶，是中華民族寶貴的文化遺產。至今，中國武術已經以其嶄新的面貌流傳於世界各國，成爲世界各國民衆非常喜愛的體育運動項目。

學練武術不但能夠強身健體，鍛鍊意志，還能夠防身自衛，除暴安良，弘揚尚武精神。

武當玄眞拳是武當武術中的道統拳法，屬於內家拳功法之疇，從內容到技法都有其獨特的體系和風格。古往今來，由於道統武術流派的門規所限，武當玄眞拳的套路和功法很少公諸於世。幸有武當拳師匡常修傳授的武當玄眞拳，才使這一武當眞功得以公開流傳。

爲了弘揚武當武術，我們根據武當拳師匡常修傳授的武當玄眞拳，研究整理成《武當拳法實用制敵術》。其內容主要包括：第一章：武當玄眞拳法實用制敵術；第二章：武當玄眞拳五手實用制敵術；第三章：武當玄眞拳中五捶實用制敵術；第四章：武當玄眞拳上五捶實用制敵術；第五章：武當玄眞拳十五式實用制敵術；第六章：武當玄眞拳十腳實用制敵術；第七章：武當玄眞拳借中盤力實用制敵術；第八章：武當玄眞拳借上盤力實用制敵術；第九章：武當玄眞拳鎭暴實用制敵術；第十章：武當玄眞拳築基功實用制敵術。本書內容豐富，架構嚴謹，動作協調，招法俐落，講究實功，技擊性強。

本書編寫中力求文字通俗，深入淺出，文圖併茂，易學易懂，學即能用，立竿見影。是青少年強身健體、防身自衛、見義勇爲、鎭暴安良的教學指導書，有很好的普及推展價值，能造福於人類社會。

武術走向世界是大勢所趨，中華武術要衝出亞洲，必須注重實戰技擊。編者本此宗旨，在《武當拳法實用制敵術》編寫中，採用了單操技法訓練和實用技擊法相結合，並分別對其基本功法訓練和技擊運用加以探索性說明，願能夠有利於讀者學練和運用。編者擬組建佳木斯市武藝研究會和黑龍江省武藝研究會，並致力於爲整理和弘揚中華道統武術貢獻全部力量，但由於閱歷和水準有限，難表「武當玄眞拳」功法精華之萬一，深表歉意。但願能以此拋磚引玉，求教於同行和名家，誠請各位武林同道對編寫中存在的缺點和謬誤予以批評指正。

編　者

2005年 3月

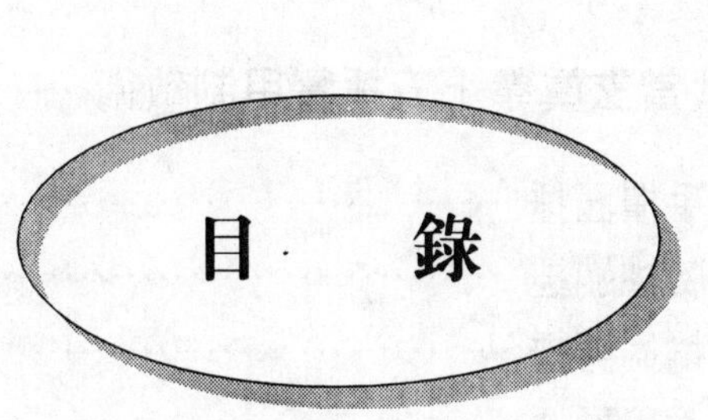

目　錄

第一章 武當玄真拳法實用制敵術

一、武當玄真拳實用制敵術簡介

武當玄真拳屬於內家拳法，習之可以修心養性，用之可以防身自衛，實乃武者內外雙修之上乘功法。武當玄真拳的高級功法由站樁、行氣、調息、心法、意念、聽勁、動感、抗衡、隨動、合發等內功組成，需要經過長期的修練和感悟，才能達到境界。武當玄真拳的初、中級功法由移步開式、設空誘敵、身勢閃轉、扣指封撥、採托抖挫、磕按橫截、隨勢換招、順勢借力，即化即打、合力制人等內外功組成，便於學練、掌握和運用。

武當玄真拳可由基本手法、基本捶法、基本腳法、基本招法練起，逐步提升深化。演練時要眼到手到，步到身到，勢到勁到，內外相合，上下協調。功法訓練過程中，首先訓練單操技法，熟練掌握移步閃身中攻防手法、捶法、腳法和招式的變換；其次採用彈性木樁手臂訓練抗衡感覺，由木樁手臂彈性抗衡的變化體會所施勁力大小和方向的變化；其三透過吊袋手臂的擺動變化體會隨動感覺，訓練順勢借力，隨勢換招的技法；其四由二人合練或交手試招中感知雙方各種明力的變化，訓練隨彼而動、借力合發的制敵功法。

武當玄真拳實用制敵術是道家防身武技中的上乘技法。道家武技不先手傷人，講究後發制人。在懲戒歹徒時，若善化不了，則設空誘敵，引敵手入扣，控制敵攻防手，同時由手部皮膚和心法意念感知敵攻防招勢的勁力大小、方向及其變化，並隨敵勁力的前、後、左、右、上、下之變化而變換招式。

武當玄真拳實用技擊法，僅精選出武當玄真拳中的部分技法，並舉一反三，演化成劈面、撩陰、折臂、斬腰、窩心等實用制敵五手；沖肋、通肚、順沖、壓挑、破襠等實用制敵中五捶；摜面、挑崩、掄劈、甩鞭、摜耳等實用制敵上五捶；封手按肩、勾蹺斬腰、打虎沉捶、疊肘劈面、撩襠肩摔、仆腿摘瓜、玄虛壓肘、金龍合口、金線釣娥、懸雞獨立、騎馬頂肘、開弓推山等實用制敵十五式；尖肋、通肚、窩心、偷陰、擺蓮、後撩、裡合、勾踹、窩肚、破襠等實用制敵十腳；借中盤前衝力、左橫力、右橫力、後掙力和借上盤前衝力、內掙力、外掙力、後掙力、下掙力、上掙力等實用制敵十法；肩摔式、翹跌式、摒倒式、抖拋式、臂仆式等鎮暴實用制敵五式；以及武當玄真拳築基功手法中的挑手劈面、外撥劈面、裡撥劈面、封手劈面、左掄劈面、右掄劈面等實用制敵單劈面掌；雙挑劈面、雙開劈面、雙封劈面、右撥劈面、左撥劈面、雙架劈面等實用制敵雙劈面掌；剪挫擒臂、壓肘擒臂、按肩擒臂、纏絲擒臂、疊肘擒臂、托肘擒臂等實用制敵擒臂手。

其技術動作樸實無華，易學易練，實用性強，便於近身制敵。

實戰運用時，身腰的仰、俯、閃、轉，肢體的起、落、出、收，步法的進、退、躥、跳、閃、轉、騰、挪，拳掌的沖、崩、劈、砸、推、架、砍、插，腿腳的蹬、彈、撩、踹、踢、鏟、別、踩，要做到輕、靈、動、蓄，沉、穩、靜、發，上下相合，靈活敏捷，虛實相間，勁力足到。使拳、掌、肘、肩，腿、足、膝、胯的攻防作用都能夠得到全面應用與鍛鍊。達到「出手如棉，觸身似鐵」的技擊境界。在與敵交手中，常以玄虛式開合手設中上盤空位誘敵入扣，手腳並用，先手後腳，手封門戶控制敵手，腳隱手下攻敵不備，起手於敵擊空之際，落手於敵關節穴位，起腳於敵失勢之時，落腳於敵要害之處，從而克敵制勝。

學練武當玄真拳實用制敵術時，身法要形正、體鬆、頭頂、沉肩、墜肘、斂臀；功法要神形兼備，氣沉丹田；動作要出手動似狂風，定勢靜如泰山；運勁要自然柔順、充沛飽滿；發力要剛柔相濟，猛烈深沉；充分體現出武當內家拳的功法。

還要注意「眼神、呼吸、勁力、節奏」的密切配合，行拳時眼神要「眼隨手動，目隨勢注」「眼似閃電，神氣內藏」。呼吸要合理運用「提」（吸氣的過程）、「托」（短暫的停止呼吸）、「聚」（呼氣的過程）、「沉」（呼氣後短暫停吸）等呼吸方法，使呼吸隨單操技法而變化，協調相合。「勁力」要「三節」（手或腳、肘或膝、肩或胯）貫通順達，整體力與局部力，運動力與衝擊力要協調一致，相反相成。「節奏」要使單操運動中的動靜虛實，抑揚頓挫、輕重起伏等對立原素表現明顯，相互轉化自然，對立統一協合。使單操技法和制敵運用能夠充分地體現出內家拳法隨招變勢、順其自然、因勢施法、借力打力、引進落空、合發制敵的特點和風格。

二、武當玄真拳法實用制敵術

武當玄真拳法實用制敵術不是正規演練套路，只是實用制敵技法的拆招組合。演練時，要眼到手到，步到身到，意到氣到，勢到勁到，內外相合，上下協調；實戰時，應設空誘敵，引彼入扣，先用封採摟擒等手法控制住敵攻防手，再因勢施法，即化即打，使敵攻守失調，然後以拳、腳、肘、膝等技法重創敵要害空位，直至敵喪失反抗能力而降服。

1.起　勢

併步站立，左腳向左開步約肩寬，兩手俯掌由身前上起至胸前，掌指自然向前微張；意、氣隨之上起；目視前方轉視雙掌。（圖1-1）

圖1

【運用】

我與敵相遇時，須平心靜氣，觀敵變化，以靜制動；當敵進身以左格鬥式逼近我，欲發攻勢；我則開步立穩，兩手俯掌向胸前上起，意、氣上

圖2

圖3

提，自然守中，故意露出上盤空位誘敵搶攻；目視敵攻防手（圖1-2）。

2. 玄虛封手掌

承上動。左腳向後撤步外展，右腳前掌抵地，身勢後移下坐成右玄虛式；同時，右手向右上、向前下弧形封手，臂略屈，高約與肩平；左手向左上、向右下弧形封手，屈臂，置於右肘內側，兩掌內側斜向上；功力運達兩掌心及十指，目視右掌。（圖1-3）。

【技擊】

我玄虛封手掌，意在與敵相遇時即移身開步，運功護體，於沉身下坐以右玄虛式引敵攻勢手落空於身前之同時，速出雙手封按住敵肘、腕，控制敵攻勢手。

【運用】

設敵滑步突進，右拳虛晃護面，以左拳直擊我上盤空位；我則速後撤左步，身勢後移下坐，以右玄虛式避敵鋒芒，使敵左拳落空於身前；同時兩手弧形前封，左手五指

圖4

圖5

扣捏住敵腕關節及脈穴，右手五指掐捏住敵肘關節及肘麻穴。運勁發力要迅猛深沉，意、氣、力運集於兩手十指；目視敵右肘腕。（圖1-4）

【要點】

設空誘敵要便於防守反擊，引進落空要身步一致，雙手封抓敵肘、腕要搶在敵前勢已盡，後勢未發之際，十指掐捏敵關節及要穴勁力要深沉，力透骨髓，使敵痛極難忍而心意紊亂。

3.騎馬按壓肩

上動不停。右腳向右前滑移再向後蹬，身勢蹲沉成騎馬式；同時，兩手十指扣緊，左手用力按於胸前，右手用力向右前下按壓，功力運達兩手十指；目視右手。（圖1-5）

【技擊】

我騎馬按壓肩，意在封按住敵攻勢手後，即以按壓手控制敵肩腕關節要位，迫使敵因反關節劇痛而仆倒。

【運用】

我不容敵解脫換勢，身勢速前移屈蹲，以騎馬式抵住

圖 6

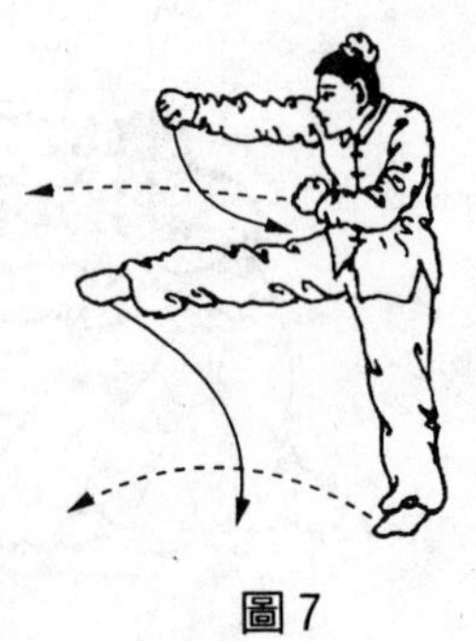

圖 7

敵鄰近腿，同時左手用力屈擰、折壓敵左腕背側，右手滑移至敵左肩，五指用力掐揑住敵肩井及腋窩麻穴猛力向前下推按。運勁發力要猛烈深沉，意、氣、力運集於兩手十指，致使敵仆身前倒；目視敵肩。（圖 1-6）

【要點】

滑抵騎馬式與壓腕按肩要上下協調，一致到位，要以騎馬沉身助按壓發力，迫使敵左腕、臂內旋。

4. 沖面尖肋腳

承上動。身勢上起，左腿獨立撐穩，右腿挺膝，腳面繃直向前彈踢，腳外側向上，高約與腰平；同時，左手向腹前按壓，右立拳迅猛前沖，拳面向前，高約與肩平；功力運達右腳尖、左手五指及右拳面，目視右拳。（圖 1-7）

【技擊】

沖面尖肋腳，意在當敵用力推地、身體掙起時，我速起身沖拳踢腿，以手腳齊擊重創敵中上盤要位。

【運用】

若敵右手撐地用力掙起；我則左手繼續用力扣揑住敵

圖 8

圖 9

左腕向腹前拉按，使敵不能脫離被擊距離。身勢同時上起，右拳隨之回收再迅猛沖擊敵頭面，右腿乘勢屈提，右腳迅猛踢擊敵腰肋，左腿撐穩。拉按運勁發力要深沉，沖拳踢腳運勁發力要迅猛，意、氣、力運集於右拳面、右腳尖及左手五指，使敵顧上失下而被擊中空位。目視敵頭面。（圖 1-8）

【要點】

身勢要隨敵後掙上起，拉腕、沖面、尖肋腳要上下協調。右腳前踢要起於敵攻防注意力轉至上盤之時，隱於雙方攻防手臂之下，使敵不易發覺，達到一踢即中。

5. 進身順沖捶

上動不停。右腳回收落步外展，左腳隨之向前上步成左開弓式，同時，右拳收於右腰側，左拳內旋成俯拳猛力前沖，拳面向前，高約與肩平；功力運達拳面，目視左拳。（圖 1-9）

【技擊】

進身順沖捶，意在敵退守、欲脫離攻擊距離時，我迅

圖 1-10

圖 1-11

速進步緊逼敵身，同時以連環拳迅猛沖擊敵中盤，保持攻擊優勢。

【運用】

若敵用力掙脫左腕撤步退守，我迅速收落右腳，進左腳，以左開弓式套抵敵前腿，同時右手封按敵前鋒手收護於右腰肋，左拳迅猛沖擊敵中、上盤空位。運勁發力要迅猛，意、氣、力運集於左拳面，迫使敵繼續退守，目視敵中、上盤。（圖 1-10）

【要點】

落腳上步要迅速輕捷，右手於進步中封按敵前鋒手，使敵無法反擊，左拳前沖要利用身步移沉之勢發力，迅猛而準確。

6. 封手攢耳捶

承上動。右腳向前上步成右開弓式；同時，左拳回收變掌，由左上向面前封按，右拳經右上向前方掄擺攢擊，拳面向左，高約與眉平，左掌按於右臂背側；功力運達右拳面及左掌心，目視右拳。（圖 1-11）

【技擊】

封手摜耳捶，意在當敵退守時，我右腳速上步勾套敵鄰近腿並緊逼敵身。封按敵攻防手之同時，右拳迅猛摜擊敵頭面要位。

圖 1-12

【運用】

若敵左腳撤步避讓我的攻勢，並以左前臂格擋我左拳，我左拳速變掌，向右下、向左按撥敵左前臂，右腳同時向前上步，以右開弓式套抵住敵前鋒腿，右拳乘勢向右上掄擺，猛力摜擊敵頭左側太陽穴，左手繼續弧形右上擺，經面前封按敵防護手於右前臂背側。左手封撥抓按運勁發力要深沉，右拳掄擺摜擊運勁發力要剛猛，意、氣、力運集於左手及右拳面，迫使敵護痛而撤步退守，目視敵頭面。（圖 1-12）

【要點】

上步開弓勾套腿、封撥按手摜耳捶要上下協調，乘敵退勢發招，攻防兼備，以攻為主。

7. 拉手劈面掌

上動不停。左腳蹬地，右腳向前滑進，左腳跟步成右玄虛式；同時，左手五指扣緊，用力向左後擰拉，右拳變掌略回收，再成立掌向前猛力劈擊，略高於肩，掌外側向前；功力運達左手五指及右掌外側，目視右掌。（圖 1-13）

圖 1-13

圖 1-14

【技擊】

拉手劈面掌，意在敵仰面護痛之際，迅速在跟進之時出掌劈擊敵頭面而使敵護痛仰跌。

【運用】

我乘敵面被摜擊仰頭撤步之時，右腳上步，左腳隨之前移，以右玄虛式抵住敵鄰近腿；同時，左手五指扣捏住敵左腕關節及脈穴用力向右折拉，右拳略回收，變側立掌迅猛劈擊敵面門。運勁發力要迅猛，爆發抖勁，意、氣、力運集於左手五指及右掌外側，目視敵頭面。（圖 1-14）

【要點】

上步要玄虛靈敏，定勢要沉穩。左手拉拽與右掌劈面要同時到位。右掌前劈要利用身步前移之勢發力，使敵頭面被連續重擊而喪失攻防能力。

8. 勾蹺攔腰斬

上動不停。右腿屈蹲踏實，左腳回勾內扣，向左前劃進成勾蹺式；同時，左手五指扣緊，順勢向左上擰拉，右

圖 1-15

圖 1-16

手外旋右擺成仰掌，再向左前猛力斬擊，掌外側向左，高約同腰肋；功力運達左手五指及右掌外側，目視右掌。（圖 1-15）

【技擊】

勾蹺攔腰斬，意在當敵頭面被擊而攻守失調之時，以拉腕、勾腿和斬腰同時迅猛攻擊敵要害空位，使敵腕、臂折傷，腰肋骨斷裂而喪失攻防能力。

【運用】

我乘敵攻守失調之機，左手用力向左上拎拉敵左腕，迫使敵護痛跟進而前俯失衡，左腳隨之向右前勾蹺敵支撐腿，右掌同時迅猛斬擊敵腰肋。運勁發力要猛烈深沉，意、氣、力運集於左手五指、左腳踝內側及右掌外側，致使敵在上拎拉、下勾蹺、中斬擊之合力作用下而仆身前倒；目視敵腰肋。（圖 1-16）

【要點】

拎手、勾蹺、斬腰要上下協調、連貫迅速。左手要邊翻擰邊拎拉，迫使敵左臂內旋跟進。左腳要乘敵前傾時勾

圖 1-17

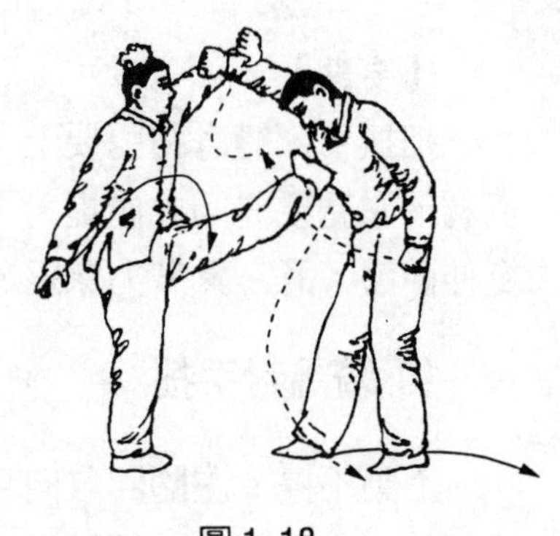
圖 1-18

蹺敵前腿，阻擋敵腿移動。右手斬腰要擊中帶按，意、氣、力深遠。

9. 回身窩肚腳

承上動。身體迅速左後轉，右腿直立撐穩，左腿屈收，乘轉身之勢猛力向身前蹬擊，腳尖回勾，腳跟向前，高約同胃部，同時，兩手隨勢擺抓；功力運達左腳跟，目視左腳。（圖 1-17）

【技擊】

回身窩肚腳，意在敵欲挑腕解脫被擒手之時，我迅速轉身扣腕蹬腿，以回身窩心腳重擊敵中盤要位。

【運用】

若敵及時上步穩住身勢，身體向左後轉，起右手上挑我左腕，左手同時後掙解脫；我迅速以左手扣抓敵右腕關節，身勢順勢左後轉，速起左腳猛力蹬擊敵心窩或腹、胃部。運勁發力要猛烈，意、氣、力運集於左手五指及左腳跟；目視敵中盤。（圖 1-18）

【要點】

扣抓手、轉身蹬腿要上下協調。左腿要先回收屈提，再挺伸前蹬。意、氣、力深遠。

圖 1-19

10. 騎馬封手捶

上動不停。左腳回收向身前落站，身勢隨之右轉蹲沉成騎馬式；同時，左手向身前抓按，右手隨即向左手前抓按，屈肘按於腹前，左手變成立拳或俯拳迅猛前沖，拳面向前，高約與肩平；功力運達右手五指及左拳面，目視左拳。（圖 1-19）

圖 1-20

【技擊】

騎馬封手捶，意在乘敵護痛而攻守失調之機，控制敵防護手，攻擊敵上盤空位，把握連擊優勢。

【運用】

我乘敵護痛退守之機，左腳速向前落步，沉身成騎馬式，同時左手用力下按敵右腕，至身前時，右手迅速換抓敵右腕用力向右下拉，左手變拳迅猛沖擊敵頭面。按拉運勁發力要深沉，沖拳運勁發力要迅猛，意、氣、力運集於右手五指及左拳面，目視敵頭面。（圖 1-20）

【要點】

落步騎馬封手沖捶要上下協調，一致到位。左拳要利用落步沉身之勢前沖，增強爆發力。

圖 1-21

11. 蹲身沖肚捶

承上動。右腳向左腳內側上步，身體屈蹲前俯稍左轉；同時，左拳收於左腰側，右拳成立拳猛力前沖，拳面向前，高約與胸平；功力運達拳面，目視右拳。（圖 1-21）

【技擊】

蹲身沖肚捶，意在敵攻防意念集於上盤時，我突沉身勢攻擊敵下盤，迫使敵繼續退守。

圖 1-22

【運用】

若敵撤步閃身避我左拳攻勢，左手同時向右上推撥我腕臂；我則速落左手換抓拉帶敵右腕臂，右腳同時向左腳內側併步，身勢下蹲，右拳乘敵退步後掙之勢迅猛衝擊敵腹、胃空位。拉帶運勁發力要深沉，沖拳運勁發力要猛烈，意、氣、力運集於左手五指及右拳面，目視敵中盤。（圖 1-22）

【要點】

換抓手、上步蹲身沖捶要上下協調，連貫完成。左手要乘回收之機拉帶敵右手腕，右拳要利用上步沉身之勢前沖，迫敵退守。

圖 1-23

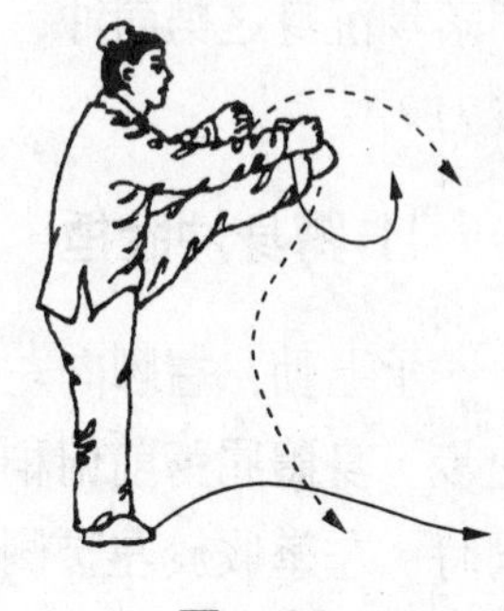
圖 1-24

12. 採手撲心腳

①承上動。右腳向右前滑進，同時左手經右拳內側向上撥抓，右拳隨之收於右腰側；功力運達左手五指，目視左手。（圖 1-23）

②上動不停。左手繼續向左擰拉，右手向前上撥抓，隨即向右擰拉；同時，身勢前移，右腿獨立撐穩，速起左腳向前蹬踢，腳尖回勾，高約同心窩，腳跟向前；功力運達兩手十指及左腳跟，目視左腳。（圖 1-24）

【技擊】

採手撲心腳，意在敵防護中、下盤之際，我速以雙手撥抓擰拉敵防護手，乘機以窩心腳重創敵中盤要位。

【運用】

①若敵撤步以右前臂格擋我右拳，出左手抓按我右手腕；我右拳速變掌，向左上抄掛敵右臂，同時左手撥抓敵右腕，五指扣捏住敵腕關節及脈穴向左上擰舉，右手隨之仰拳收護於右腰肋，右腳同時滑步進逼敵身。撥抓運勁發

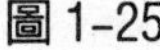

圖 1-25

圖 1-26

力要深沉，意、氣、力運集於左手五指，目先視敵右腕再視敵中盤。（圖 1-25）

②若敵沉身出左拳反擊我中盤；我則速以右手撥抓敵右腕，五指用力扣捏住敵腕關節及脈穴，隨即兩手同時向左右分拉敵兩臂，左腳迅猛蹬擊敵心窩。兩手拉腕運勁發力要深沉，窩心腳運勁發力要猛烈，意、氣、力運集於兩手十指及左腳跟，致使敵腕、胸骨折傷、胸五內受重創而仰跌於地，目視敵中盤。（圖 1-26）

【要點】

左右抓腕擰拉、左蹬腳要上下協調，連貫完成。抓腕擰拉要快速準確。左腳要乘敵身體被拉近之時，迅猛蹬擊。兩手在左腳蹬出時，可以同時抖放，以手腳合力制敵跌出。

13. 打虎拎按手

①上動不停。左腳回收落步，右腳隨之向前上步；同時，兩手變掌，從兩側向身前封按，左臂略屈前伸，掌高

圖 1-27

圖 1-28

約與肩平，右掌屈臂置於左肘內側，兩掌內側斜向上；目視左掌。（圖 1-27）

圖 1-29

②上動不停。左腳向前上步內扣，身勢右轉成右橫開弓式；同時，右手五指扣緊向右上擰拉至頭右上方，左手內旋，向下拍抓壓於腹前；功力運達兩手十指，目視左掌。（圖 1-28）

【技擊】

打虎拎按手，意在當敵被蹬踢而連續退守、運功護痛之際，速於擰拉敵腕之同時，以滑蹬拍按之技法制敵倒地。

【運用】

①若敵護痛連環退步防守；我則左腳迅速前落，右腳進步緊逼敵身，同時以右手托抓住敵右腕，左手抓按住敵防護手。運勁發力要深沉，意、氣、力運集於兩手十指，目視敵攻防手。（圖 1-29）

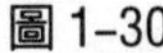
圖 1-30

圖 1-31

②我右手隨即用力內旋，向右上擰拉敵右腕，左手外旋，擰推敵右肘，迫使敵因反關節疼痛而向左後轉身，同時左腳迅快速溜冰蹬敵前腿，成側開弓式抵住敵腿，左手乘勢用力拍擊推按敵襠、腹部。運勁發力要猛烈深沉，意、氣、力運集於右手五指、左腳踝外側及左手掌根，致使敵痛極難忍而失衡跌倒。目先視敵右手臂，轉視敵中下盤。（圖 1-30）

【要點】

落腳上步與托按敵右肘臂、擰拉敵腕與上步拍按敵襠要上下協調，連貫完成。兩手要以大力掐捏擰拉敵肘、腕，迫敵只得護痛翻身跟進。

14. 蹲身海底捶

承上動。左腳收移半步，兩腿屈蹲，上身隨之前俯；同時，左手五指扣緊向前按壓，右拳向右前下方迅猛沖擊，拳面向下；功力運達左手五指及右拳面，目視右拳。（圖 1-31）

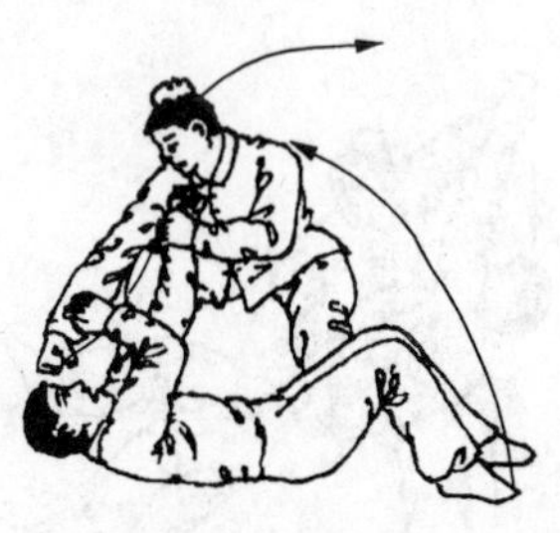
圖 1-32

【技擊】

蹲身海底捶，意在當敵倒地後，我迅速收步蹲身，以海底捶迅猛沖擊敵要害空位。

【運用】

我隨敵仰跌之勢下蹲俯身，左手同時抓握住敵左腕按於右肩前，速落右拳猛力沖擊敵面門。抓按手運勁發力要深沉，海底捶運勁發力要猛烈，意、氣、力運集於左手五指及右拳面，在敵變勢解脫前，右拳連續沖擊敵面，致使敵喪失反抗能力。目視敵上盤。（圖 1-32）

【要點】

下蹲俯身與按手沖面捶要上下協調一致。右拳要乘蹲沉之勢沖擊，增強爆發力。

15. 閃身踢球腳

①承上動。左腳後撤步外展，身勢隨之後移，稍左轉下坐成右玄虛式；同時，雙手屈臂收於身前；目視前下方。（圖 1-33）

圖 1-33

②上動稍停。身勢前移右轉，右腳外展，右腿獨立撐穩，左腳隨之向前繃腳踢起，腳尖向前，高約與膝平；同時，雙手擺於身前；

功力運達左腳面，目視左腳。（圖1-34）

圖 1-34

【技擊】

閃身踢球腳，意在避開敵攻勢之際，起腳反擊敵下盤要害空位。

【運用】

①若敵以右手推撥我右拳護住面部，左手用力掙脫，身體左側扶地，同時起右腳踢擊我中、上盤；我左腳迅速向後撤步，身勢後移下沉，以右玄虛步避開敵攻勢腳，雙手同時護住中盤；目視敵右腿。（圖 1-35）

②我避開敵地躺攻勢腿後，身勢即前移，乘敵右腳踢空之機，速起左腳踢擊敵襠、臀要位。運勁發力要迅猛，意、氣、力運集於左腳尖。目視敵下盤。（圖 1-36）

【要點】

撤步閃身要靈敏，移身踢腿要迅猛，致使敵襠、臀受重創而失調。

圖 1-35

圖 1-36

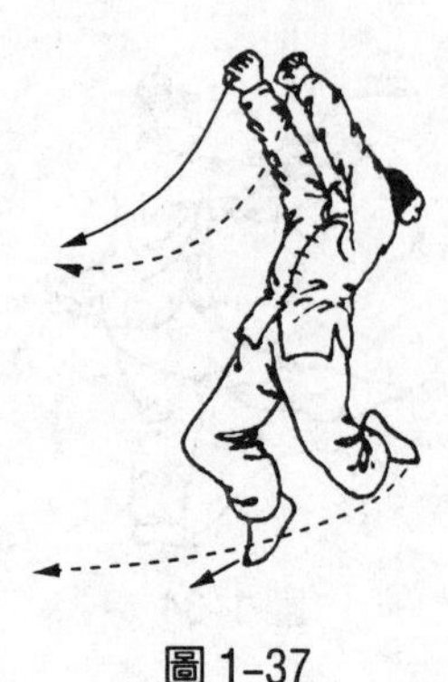
圖 1-37

圖 1-38

16. 縱身雙摜耳

上動不停。左腳落步蹬地縱身前跳；雙拳同時隨右腿擺跳經兩側向前上方擺擊，兩拳面相對；功力運達兩拳面，目視雙拳中間。（圖 1-37）

【技擊】

縱身雙摜耳，意在當敵立勢未穩之際，迅速跳起，掄擺雙拳迅猛摜擊其頭面，催敵後倒。

【運用】

若敵乘我踢勢以地躺側後翻滾起身；我則在敵立足未穩之時，左腳速落步跳起，雙拳同時掄擺迅猛摜擊敵頭兩側太陽穴。運勁發力要猛烈深沉，意、氣、力運集於兩拳面，使敵太陽穴受重擊而昏暈倒地。目視敵頭面。（圖 1-38）

【要點】

落步縱跳雙摜拳要上下協調一致，縱跳要向前上方，以助摜拳攻擊力。

圖 1-39

圖 1-40

17. 斬腰雙推掌

①上動不停。右腳落地，左腳隨之前落，身勢蹲沉成左玄虛式；同時，兩拳外旋變掌，經兩側下落至與腰同高成仰掌，用力向前斬擊，兩掌外側相對，高約與腰平；功力運達兩掌外側，目視雙掌。（圖 1-39）

②承上動。兩掌左右分擺上起，內旋成俯掌向腹前按壓，兩掌指相對；右腳隨之向前上步成右開弓式；兩掌同時成側立掌向前抖腕推擊，掌外側均向前，兩掌指略高於肩；功力運達兩掌外側，目視雙掌。（圖 1-40）

【技擊】

斬腰雙推掌，意在乘敵雙手抱頭護痛退守之際，勾套住敵鄰手腿，同時以一招兩式連環斬腰推胸，使敵中、上盤受重創而失去攻防能力。

【運用】

①我乘敵雙手抱頭護痛退守之際，左腳速向前落步緊逼敵身，同時雙拳向兩側收落外旋成仰掌，猛力斬擊敵兩腰肋。運勁發力要迅疾，意、氣、力運集於兩掌外側，致

圖 1-41

圖 1-42

使敵腰肋骨折傷。目視敵中盤。（圖 1-41）

②若敵退步沉身，雙手捂腰護痛；我雙掌速由兩側上起，避開敵下按手後，即內旋俯掌下按敵兩臂，同時右腳上步，以右開弓式套抵住敵前鋒腿，雙掌成側立掌，迅猛推擊敵胸、腹要位。運勁發力要猛烈深沉，意、氣、力運集於兩掌根及右腳踝內側，致使敵中盤被連擊重創，在我下套抵和上推按之合力作用下而仰跌。目視敵中、上盤。（圖 1-42）

【要點】

上步雙掌斬腰、開弓套腳雙推掌，要上下協調，連貫完成。套抵腳與雙推掌要同時到位，前推意念要深遠綿長。

18. 懸雞護面手

承上動。身勢後移，左腿獨立撐穩，右腿屈膝收提於身前成懸雞式；同時，右手屈肘立臂裡格，指高約與眉齊；功力運達掌及前臂外側，左臂屈收於腹前；目視右臂。（圖 1-43）

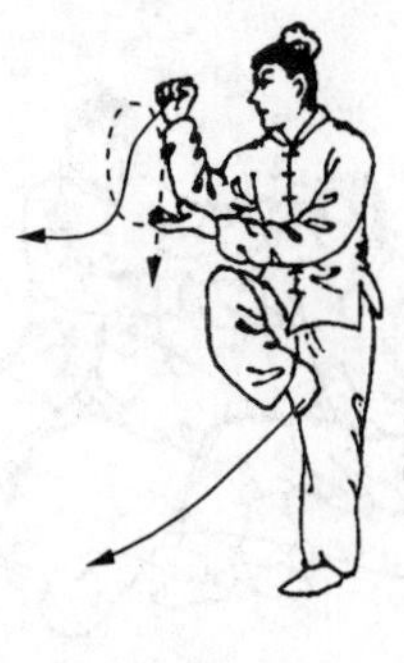

圖 1-43

圖 1-44

【技擊】

懸雞護面手，意在當敵防守反擊時，收提右腿磕擋敵攻勢腳，兩手同時裡格敵拳，護住中盤，破敵上下齊擊之勢。

【運用】

若敵及時撤身穩住身勢，運功護痛，右手撥按我雙掌護住中盤，出左拳反擊我頭面，左腳同時踢擊我襠、腹；我則速撤身勢，收提右腿以懸雞式磕擋敵攻勢腿，同時右拳向裡格敵攻勢手，左手屈臂收護於中盤。

磕腿運勁發力要深沉，格臂運勁發力要剛脆，意、氣、力運集於右腿前側及右前臂外側，左腿獨立撐穩；目視敵左拳。（圖 1-44）

【要點】

撤身提磕腿與收手立格拳要上下協調，一致到位。要順隨敵拳腳沖勢引帶消力。

19. 騎馬擒手捶

上動不停。右腳速向右前落步，身勢蹲沉成騎馬式；

圖 1-45

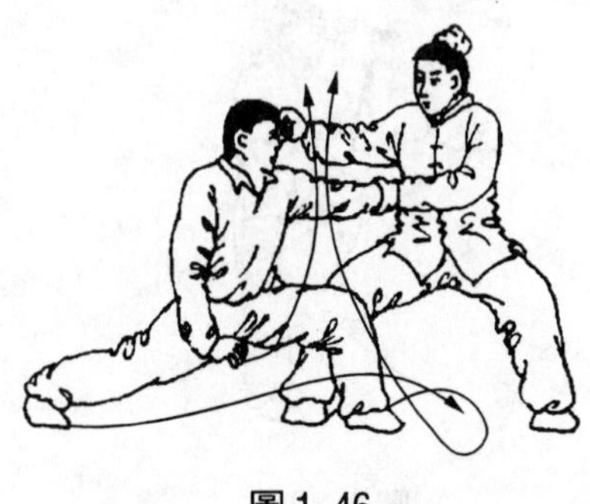
圖 1-46

同時，左手經右前臂裡側向外撥抓，五指扣緊向腹前下按，右手隨之向左手前抓按成立拳猛力前沖，拳面向前，高約與肩平；功力運達左手五指及右拳面，目視右拳。（圖 1-45）

【技擊】

騎馬式擒手捶，意在乘落步沉身之勢，封抓敵攻防手之同時沖擊敵上盤要位。

【運用】

我右拳格擋敵攻勢手後，即扣腕下按敵左腕背側，左手隨之封抓敵左腕向右胸前按折，右腳同時向前落步套抵住敵前鋒腿，沉身成騎馬式穩住身勢，右肘臂隨之向下砸壓敵左肘外側，致敵肘、腕折傷而俯身趴地；若敵以右手支撐地欲掙脫左臂，我則速出右拳迅猛沖擊敵頭面或敵太陽穴。兩手封抓砸壓運勁發力要深沉，右沖捶運勁發力要猛烈，意、氣、力運集於兩手十指、右腳踝內側、右拳面，致使敵被連擊而攻守失調。目視敵左拳再轉視敵頭面。（圖 1-46）

圖 1-47

圖 1-48

【要點】

左右封抓按手要快速連貫。落步騎馬與擒手沖捶要上下協調，一致到位，使敵無法逃避而被擊中頭面要位。

20. 掛面擺蓮腳

承上動。身勢左移，左腿獨立撐穩，右腳向左腳前回收再經面前猛力右擺，腳稍內扣，高約與頭平；兩手同時收於身兩側；功力運達右腳外側，目視右腳。（圖 1-47）

【技擊】

掛面擺蓮腳，意在敵起身未穩之際勾掛其下盤，擺踢其上盤，迫使敵退守。

【運用】

若敵右手用力撐地起身，進步以右肘橫擊我中、上盤，左臂掙脫，欲挽回敗勢；我身勢速向左後移，避開敵肘攻擊，同時速抬右腿，以擺蓮腳猛力擺擊敵上盤要位。運勁發力要猛烈深沉，意、氣、力運集於右腳外側，借敵沖勢，將敵擊倒，目視敵頭。（圖 1-48）

圖 1-49

圖 1-50

【要點】

後移身閃避要靈敏。右腿收擺要以腰、胯的扭轉帶動發力。左腿要撐穩。

21. 轉身橫搖捶

上動不停。右腳向右擺落，身勢隨即左轉，右拳同時屈肘立前臂向身前裡格，拳高約與目平；左臂屈收於身前；功力運達右拳及前臂外側，目視右拳。（圖 1-49）

【技擊】

轉身橫搖捶，意在敵側身躲過我右擺腿，並出手攻擊我頭面時，我即以橫搖捶磕格敵肘、臂，防護自身。

【運用】

若敵側身躲過我擺蓮腿，並出右拳攻擊我頭面；我迅速擺落右腿，身體隨勢左轉，速起右前臂向內磕格敵右肘內關節及肘麻穴部位。運勁發力要猛烈，意、氣、力運集於右前臂外側，目視敵攻防手。（圖 1-50）

圖 1-51

圖 1-52

【要點】

右腳擺落要快速輕靈。右前臂磕格要充分利用右腿蹬伸和身勢左轉發力，致敵肘、腕折傷。

22. 扣手橫疊肘

①承上動。左腳向後撤步，身勢後坐下沉成右玄虛式；同時，右手向右下落成仰掌，向右腰前托抓，左手向前下抓按於右手心；功力運達兩手十指，目視雙手。（圖 1-51）

②上動不停。兩手按緊，右手內旋，左手外旋，使右手翻按於左手心，右肘隨之向前猛力橫擊；右腳同時向後滑蹬，身勢蹲沉成騎馬式；功力運達兩手十指、右小腿後側，目視右肘。（圖 1-52）

【技擊】

扣手橫疊肘，意在引敵攻勢手落空之際，控制住敵攻勢手，以疊肘壓臂法將敵制服。

圖 1-53

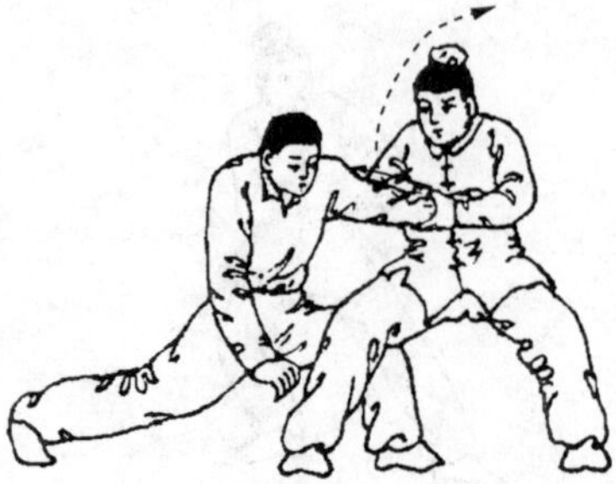

圖 1-54

【運用】

①若敵右臂收護中上盤，同時進步沉身、出左拳攻擊我中盤空位；我迅速撤左腳，以右玄虛式避開敵拳攻勢，同時右手向右下落成仰掌托抓住敵左腕外側，左手向前下封住敵左腕裡側。運勁發力要柔順深沉，意、氣、力運集於兩手，致使敵拳擊空而身勢前傾，目視敵攻防手臂。（圖 1-53）

②我兩手十指用力扣抓敵左腕關節及脈穴，左手隨即用力外旋，右手用力內旋，兩手合力翻擰敵左腕，迫使敵疼痛而俯身，右腳乘勢向右後滑蹬敵鄰近腿，成騎馬式，右肘同時屈肘橫疊猛力磕壓敵左肘外側。運勁發力要猛烈深沉，意、氣、力運集於兩手十指、右肘外側及右腳踝外側，致使敵肘、腕折傷而仆身前倒；目視敵左肘。（圖 1-54）

【要點】

撤步閃身要靈敏，雙手扣腕要準確。橫疊肘要充分利用沉身轉肩之勢發力，抖發寸勁。

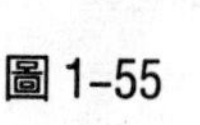
圖 1-55

圖 1-56

23. 拎手沖肋肘

承上動。左腕內旋，左手抓緊向頭上拎起；右腳隨之向右前滑移，左腿蹬伸成右開弓式；同時，右肘乘勢猛力向右頂擊，肘尖向前，高約與肩平；功力運達左手五指及右肘尖，目視右肘。（圖 1-55）

【技擊】

拎手沖肋肘，意在移身進步中拎起敵防護手，頂擊敵中盤要位而將敵制服。

【運用】

若敵右手撐地起身，掙脫我右壓肘；我以左手迅猛向左上拎敵左腕，身步同時右前移，成右開弓式，右肘屈疊猛力右頂敵心窩或側肋。左手拎擰發力要深沉，右肘右頂運勁發力要猛烈，意、氣、力運集於左手及右肘尖，致使敵胸部肋骨折傷，目視敵中、上盤。（圖 1-56）

【要點】

拎拉與頂肘要一致到位。要充分利用左腿蹬伸與身腰

圖 1-57

圖 1-58

抖轉之勢以助頂肘發力。

24. 仆腿摘瓜手

①承上動。身勢稍右轉，左手向左下落，向身前抓握，右手同時上起，向左手內側抓握；功力運達兩手十指，目視雙手。（圖 1-57）

②上動不停。右腿蹬伸，左腿屈蹲，身勢左移下沉成右仆腿式；同時，雙手按緊，左手外旋，右手內旋，向腹前用力翻腕擰按；功力運達兩手十指，目視雙手。（圖 1-58）

【技擊】

仆腿摘瓜手，意在乘敵中盤被擊而弓腰護痛之際，以摘瓜手擰扭敵頭，將其制服。

【運用】

①我乘敵弓腰俯身護痛之機，身勢稍右轉，快速落左手摳抓敵右耳腮，右手同時摳抓住敵左耳腮。兩手摳抓運勁發力要深沉，意、氣、力運集於兩手十指，致使敵兩耳腮痛極難忍而攻守失調，目視敵頭部。（圖 1-59）

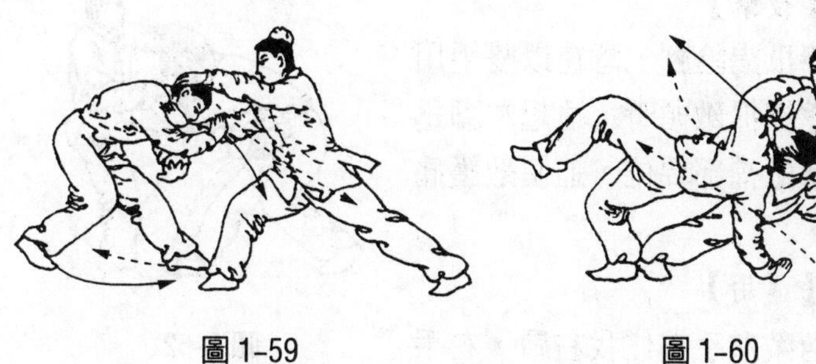

圖 1-59　　圖 1-60

②我乘敵失調之機，右腿用力內旋，左腿屈蹲，沉身成仆腿式；同時左手用力外旋，右手用力內旋，猛力向腹前擰按敵頭。運勁發力要猛烈深沉，意、氣、力運集於兩手十指，致使敵脖頸損傷，迫使敵因反關節疼痛而左轉翻身仰跌；目視敵頭部。（圖 1-60）

【要點】

擰摘瓜要充分利用左轉下仆之勢擰按發力。擰按發力要猛烈，兩手十指要用力摳入敵耳腮內縫中，邊摳邊擰邊按，右肘與前臂隨勢向左下壓，上下協調一致。

25. 捧瓜踢陰腳

承上動。左腿蹬伸，身勢前移右轉；同時，右手外旋，左手內旋，向右前用力翻擰；左腳隨之迅猛向前踢擊，腳尖向前上，高約與襠平，右腿獨立撐穩；功力運達兩手十指及左腳面，目視雙手。（圖 1-61）

圖 1-61

【技擊】

圖 1-62

捧瓜踢陰腳，意在以雙手用力翻擰捧抓敵頭時，速起左腳迅猛踢擊敵襠部要位，迫使敵護痛躬身。

【運用】

若敵左手摟住我右肩，右手推撐地面，翻身站起；我迅速起身跟進，雙手繼續用力捧抓敵頭，同時起左腳迅猛踢擊敵襠陰要位，致使敵護痛而躬身捂襠。捧摳頭運勁發力要深沉，踢襠、腹運勁發力要迅猛，意、氣、力運集於兩手十指及左腳尖，目視敵中上盤。（圖 1-62）

【要點】

左腳要在敵解脫之前迅猛踢中敵襠部，使敵護痛躬身而無暇解脫。兩手捧摳敵頭，迫使敵護痛而力散。

26. 頂膝按磕瓜

上動不停。左腳向前落步；同時，雙手五指扣緊，用力向腹前按壓；右腿隨即屈膝猛力向前上頂撞，膝高過腰；功力運達兩手十指及右膝蓋，目視雙手。（圖 1-63）

圖 1-63

【技擊】

頂膝按磕瓜，意在抓按敵頭之同時，以膝部連續頂撞敵面門，直至敵降服。

【運用】

我乘敵躬身護痛之際，左腳速向前落步，雙手同時繼續抓摳住敵頭，用力向右膝前按壓，右膝前提時迅猛向前上頂撞敵頭面。右膝上頂運勁發力要猛烈，雙手下按運勁發力要深沉，意、氣、力運集於兩手十指及右膝蓋。在敵掙脫之前，右膝可以連續頂撞敵頭面，直至敵頭面損傷、昏暈而喪失攻守能力，目視敵頭面。（圖1-64）

圖1-64

【要點】

落步頂膝要迅速。右膝上頂與兩手下按要一致到位。連續頂撞要迅猛有力。

27. 擒手背肩摔

①承上動。身勢稍左轉，右腳向左前落步；同時，左手向右肩前抓拽，右手向右前、向後撩抓，高約與襠平；功力運達兩手十指，目視右手。（圖1-65）

②上動不停。左腳蹬地向前上步；同時，左手抓緊，經右肩上向左下拉拽，右手用力向右上抓提，經右肩上向身前猛力下甩；身勢隨之稍左轉前俯以助發力；功力運達兩手十指及右肩背，目視前下方。

圖1-65

（圖 1–66）

圖 1–66

【技擊】

擒手背肩摔，意在乘落步轉身之勢拉拽敵攻防手，抓提敵襠部，迫使敵護痛跟進，順勢將敵扛起甩摔於地，使敵喪失攻防能力。

【運用】

①若敵以左手按我右膝，以右手上挑我臂，並用力掙脫頭部；我右腳速向左前落步，同時以左手抓敵領口或右腕，用力向右肩後側拉拽，右手向後下按抓捏敵襠部。運勁發力要深沉，意、氣、力運集於兩手十指，致使敵襠部破損而護痛失調；目視敵上盤。（圖 1–67）

②我乘勢左轉，以背、臀貼住敵身體，隨即上體迅速前俯，臀部用力後撅上拱，同時左手猛力向前下拉拽，右手用力向後、向上抓提敵襠部。運勁發力要猛烈深沉，意、氣、力運集於兩手十指、臀部及右肩背，將敵於背後扛起拋摔於身前，目視敵上盤。（圖 1–68）

圖 1–67

圖 1–68

【要點】

落步轉身與拽腕抓襠要上下協調，配合有力。俯身拱臂與拽腕提襠要一致到位，迅猛有力。

圖 1-69

28.盤根雙插掌

承上動。左腳撤步，身勢後移稍左轉，屈膝疊腿下蹲成右盤根式，上身前俯；雙掌同時用力向前下插掐；功力運達兩手十指，目視雙掌。（圖 1-69）

【技擊】

盤根雙插掌，意在乘敵仰摔失調之機，速盤根下蹲於敵面前，以雙掌插卡敵脖頸而迫使敵降服。

【運用】

我乘敵仰摔於地而攻守失調之機，右腳迅速上步跟進敵身，隨即屈膝下蹲成盤根式；上身隨勢前俯，雙掌同時迅猛下插敵面門或插卡敵脖頸。運勁發力要迅猛，意、氣、力運集於兩手十指。若敵以雙手架住我雙插掌，雙腳同時向前上擺踢我頭面，我則及時收住雙掌攻勢，目視敵頭轉視敵雙腳。（圖 1-70）

【要點】

上步蹲身盤根要迅速靈敏，定勢沉穩。雙掌下插要順勢借力，準確到位。

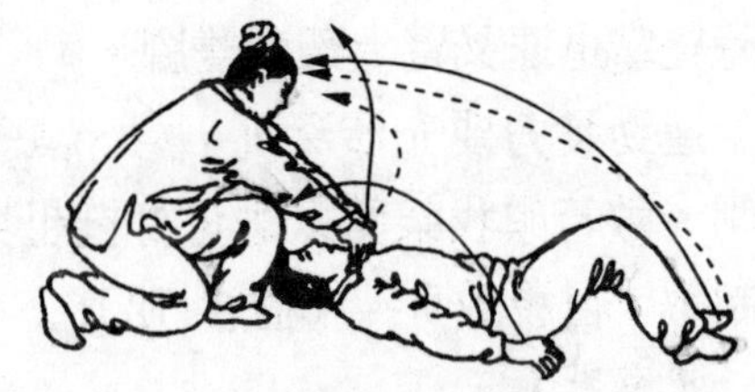
圖 1-70

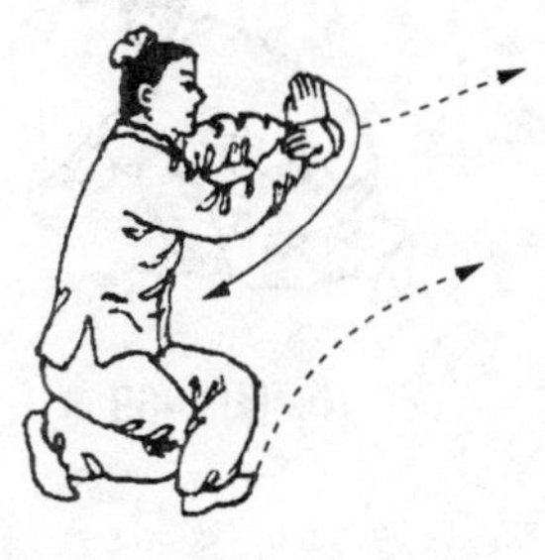
圖 1-71

圖 1-72

29. 童子拜道仙

承上動。上身迅速立起，盤根式不變；同時，雙掌叉臂向面前上架，掌外側斜向上，高約與目平；功力運達雙掌臂外側，目視雙掌。（圖 1-71）

【技擊】

童子拜道仙，意在當我蹲身擊敵時，敵若防守反擊我上盤，我則以盤根拜仙手護住頭面。

【運用】

我於敵頭前蹲身掐卡敵脖頸時，若敵及時起雙腳反擊我頭面，我則上身速起，以盤根式穩住身勢，避敵腳鋒，同時雙掌迅速叉臂上架敵雙腳。

運勁發力要充沛深沉，意、氣、力運集於兩掌及前臂外側。敵若順我架勢以鯉魚打挺起身，我則防敵反擊，尋機制敵，目視敵身。（圖 1-72）

【要點】

盤根式要沉穩。雙掌叉臂上架要迅速有力。

圖 1-73

圖 1-74

30. 沖面通肚腳

承上動。身勢起立；右手撥抓外旋，向右腰側擰拉成仰拳，左手同時略回收，再成俯拳或立拳向前沖出，拳面向前，高約與肩平；同時，右腿撐穩，左腳迅猛向前蹬踢，腳跟向前，高約與腹平；功力運達右手五指、左拳面及左腳跟，目視左拳。（圖 1-73）

【技擊】

沖面通肚腳，意在乘敵立勢未穩，迅速起身，在控制敵前鋒手同時拳腳齊擊，致使敵顧上失下而被擊中。

【運用】

若敵立勢未穩，我則迅速起身，出左腳蹬踢敵背心，出左拳沖擊敵後腦。若敵及時回身，以左臂格擋我通肚腳，以右拳外格我沖面捶，我左拳則順勢向內扣壓敵右臂外側。沖拳與蹬腿運勁發力要猛烈，左臂扣壓運勁發力要深沉，意、氣、力運集於左腳跟、左拳面轉至左臂裡側，目視敵中、上盤。（圖 1-74）

【要點】

圖 1–75

起身沖拳與蹬腿要上下協調，一致到位。沖拳與蹬腿要充分利用起身發力。

31. 玄虛擒壓肘

上動不停。左腿屈收向身前落步沉身成左玄虛式；同時，左拳屈肘立前臂向身前下壓，右手隨即由左前臂內側撥抓向腹前擰按，左前臂同時向後上掄擺，再向右手前猛力砸壓，拳心向上；功力運達右手五指及左前臂背側，目視左臂。（圖 1–75）

【技擊】

玄虛擒壓肘，意在控制住敵身勢之時，以擒腕壓肘技法致敵腕、肘折傷，仆身前倒而喪失攻守能力。

【運用】

我乘敵退守、右臂擋架之際，左臂速將敵右拳扣壓至胸前，右手同時迅速上起，拉住敵右腕外側，用力向腹前擰拉；左腳前落，抵住敵前鋒腿，身體以左玄虛式下沉後坐，以助拉擰之勢；左前臂隨之外旋，用力向下砸壓敵右肘外側。

圖 1–76

運勁發力要猛烈深沉，意、氣、力運集於右手五指及左前臂外側，致使敵肘、腕折傷而仆身前倒，目視敵右腕、肘。（圖 1–76）

【要點】

左臂下扣、右手上抓要迅速有力。右手與左前臂要充分利用身體下沉後坐之勢，擰拉、砸壓協調一致。

圖 1-77

32. 封手穿目指

承上動。左腳向前滑進，身勢前移成左開弓式；同時，左拳內旋，成俯掌向腹前抓按，右手變二指向前上迅猛插點，指尖向前，高約與目平；功力運達左手五指及右二指尖，目視右手二指。（圖 1-77）

【技擊】

封手穿目指，意在乘敵攻守失調之機，在控制住敵前鋒腿和防護手之時，迅猛插點敵二目而使敵降服。

【運用】

若敵右手用力撐地後起身，我速以左手接抓住敵右腕向腹前按壓，運勁發力要深沉。同時右腿蹬伸成左開弓式，右手二指迅猛插點敵雙目。運勁發力要迅猛，意、氣、力運集於左手五指及右手二指，致使敵雙目傷痛而無法看視，目視敵頭面。（圖 1-78）

圖 1-78

【要點】

圖 1-79

左手接抓敵右腕要迅速、準確。右二指點目要乘開弓式前點。封按手與點目指要協調一致。

33. 拎手撩陰掌

承上動。右手變掌，撥抓向右上拉拽，同時身勢右轉蹲沉成騎馬式；左手隨之向左側撩打，掌外側向左，高約與襠平；功力運達右手五指及左掌外側，目視左掌。（圖 1-79）

【技擊】

拎手撩陰掌，意在當敵退守時，速沉身跟進，在拎拉敵防護手之際，撩打敵下盤要位，迫使敵護痛而失調。

【運用】

若敵面門被插點，起左手撥抓我右腕，我速以右手反抓住敵防護手腕用力向右上擰拉，身體隨之後轉下沉成騎馬式，左手同時向左下猛力撩打敵襠部。擰拉運勁發力要猛烈深沉，撩打運勁發力要充沛迅疾，意、氣、力運集於右手五指及左掌外側，致使敵襠部痛極難忍而攻守失調，目視敵中、下盤。（圖 1-80）

圖 1-80

【要點】

騎馬式與拎腕撩陰要上下協調，一致到位。撩打要準確有力。

34.擰手斬肋掌

圖 1-81

上動不停。右手五指扣緊向右下擰拉，左手同時左上起外旋成仰掌，再向右腰前外側迅猛斬擊推按；身勢隨之稍右轉，右腳向身前勾翹；功力運達右手五指、左掌外側及右腳踝內側，目視左掌。（圖1-81）

【技擊】

擰手斬肋掌，意在乘敵躬身護痛之機，於勾掛敵支撐腿、擰拉敵防護手之同時，起手斬擊推按敵腰肋，迫使敵倒地降服。

【運用】

我乘敵躬身護痛之機，右手五指扣捏住敵腕關節猛力向右下擰拉敵左腕，迫使敵因反關節護痛而右後轉仰身，同時身體左移，右腳隨之向前勾絆敵雙腿，左手猛力向右下推按敵腹肋。擰拉運勁發力要猛烈，勾絆按掌運勁發力要深沉，意、氣、力運集於雙手、右腳踝及小腿內側，致使敵護痛失衡仰摔於地而喪失反抗能力，目視敵中、上盤。（圖1-82）

圖 1-82

【要點】

擰拉勾絆按掌要上下協調，一致到位。要充分利用轉體移身之勢發力，以上下合力作用使敵失去平衡。

35. 收　勢

圖 1-83

承上動。身勢右轉站立，右腳向左腳內側收步；同時，兩掌擺落，由兩側擺起至胸前俯掌下按垂落；意、氣收沉於丹田，目視前方。（圖 1-83）

【運用】

在敵仰跌於地失去反抗能力後，我身體右轉站立，右腳向左腳內側收步；同時兩手下落，由兩側上舉至兩肩高時內旋成俯掌下按至腹前，再垂落於兩大腿外側，同時收功斂氣，調息守中，神情自然；目平視前方。

【要點】

併步按掌收勢要柔順自然，神氣內斂，呼吸平穩，氣沉丹田，心定意靜。

第二章
武當玄真拳五手實用制敵術

武當玄真拳五手實用製敵術是從玄真拳法中精選出來的五種技擊手法。實戰中以設空誘敵、引敵入扣、順其自然、隨機應變、順勢借力、後發制人為攻防心法。一招一式，簡捷實用，技擊性強。能在攻防變勢中始終控制住敵攻防手和攻防意念，同時以直接、短促、連貫、迅猛的手法劈面、撩陰、折臂、斬腰、窩心，直擊敵三盤要害部位，使敵防不勝防，顧此失彼，喪失反抗能力而降服。

一、玄虛劈面手

①由站立式起。左腳向後撤步，身勢隨之右閃後移沉坐成右玄虛式；同時，左手內旋，上起於頭左前方，掌心向前；右掌外旋仰掌，前伸於右腰前成開合手；功力運達兩手十指，目視右前方。（圖 2-1）

圖 2-1

圖 2-2

圖 2-3

②身勢略右閃左轉下沉；同時，左手向前下採按，右手向左手前上托，兩手十指抓緊迅猛抖挫，功力運達兩腕及兩手十指；目視雙手。（圖 2-2）

圖 2-4

③身勢右轉左閃前移；同時，左手外旋，用力向左下擰拉，右手屈肘立前臂，經面前向右內旋撥帶，高約與額平，功力運達左手五指及右前臂外側；目視右手。（圖 2-3）

④左腳上步，蹲沉後坐成左玄虛式；同時，左手用力向左後擰拉，右手變側立掌向前迅猛劈擊，高約與面平，功力運達左手五指及右掌根外側；目視右掌。（圖 2-4）

【運用】

①我與歹徒對峙中，若敵以右格鬥式逼近我，尋機搶攻；我則身步撤移，以右玄虛式左上右下開合手設中、上盤空位誘敵攻入；目視敵攻防手。（圖 2-5）

圖 2-5

圖 2-6

②若敵滑步突進中左拳虛晃引我注意，出右拳直擊我上盤空位；我則速於有備中左腳撤步，以右低姿玄虛式避讓敵攻勢手，同時左手採按敵右腕，右手上托敵右肘，蓄勢抖折敵右肘、腕；目視敵攻勢手。（圖 2-6）

圖 2-7

③若敵右臂及時屈收下掙，出左拳直擊我頭面；我則左手五指用力扣捏擰拉敵右腕關節及脈穴，迫使敵護痛而力散，同時右手回收屈肘立臂外撥敵左腕、臂，身勢隨之前移，迫使敵退守；目視敵上盤。（圖 2-7）

④我不容敵收拳換式，左腳迅速上步，以左玄虛式抵住敵前鋒腿後側；右掌同時以掌根及掌外側為力點，順敵左臂內側迅猛前劈敵面門，左手用力外旋，向左下擰拉敵右腕；右手劈中敵面後，即變劈為按，迫使敵在我上劈

按、下抵絆之合力作用下失衡仰跌；目視敵上盤。（圖 2-8）

圖 2-8

【要點】

上述分解動作要上下協調，連貫完成，迅猛有力。設中、上盤空位要便於採托敵手，撥擋劈面。雙手採托敵攻勢手肘、腕要及時、準確。敵若不及變勢，即應發力抖折。運勁發力要柔順轉剛脆，意、氣、力運集於兩手十指。右臂撥擋敵攻勢手之同時，要運勁劈勢，敵攻勢手稍偏於我身，即變撥為劈，順敵臂揮掌，運勁發力要猛烈，左玄虛式抵腿要同時到位。

運勁發力要深沉，意、氣、力運集於左腳踝內側及右掌根外側。右手轉劈為按變勢要疾快，與左手擰拉相配合，運勁發力要深沉，意、氣、力運集於兩手十指。

二、坐盤撩陰手

①由站立式起。左腳撤步，身勢後移沉坐成右玄虛式；同時，兩手左上起、右前伸成開合手，功力運達兩手十指；目視右前方。（圖 2-9）

②身勢略右閃左轉下沉；同時，左手向左下採按，右手向左手前托抓，兩手合力向左下迅猛拉拽，功力運達兩手十指；目隨視雙手。（圖 2-10）

③身勢略右轉左閃上起，左腳尖同時內扣，右腳隨之向左腿左後側插伸，腳前掌蹬地；同時，兩手右外左內經

圖 2-9

圖 2-10

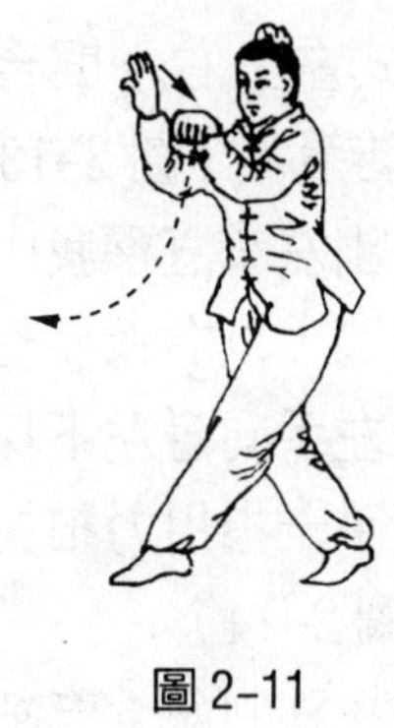
圖 2-11

圖 2-12

面前向前上叉架合抓，功力運達兩前臂及兩手十指；目視雙手。（圖 2-11）

④兩腿屈疊下蹲成坐盤式；同時，右手抓捏用力向右後拉拽，左手變反掌向前下迅猛撩擊，功力運達兩手十指；目視左手（圖 2-12）。身勢右轉，左腳向左後滑蹬；同時右手用力向右下擰拉，左手用力向右上抓提。

【運用】

①我與歹徒對峙中，若敵以左格鬥式逼近我身，欲發

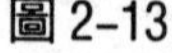
圖 2-13

圖 2-14

攻勢；我則速移身撤步，以右玄虛式左上右下開合手設中、上盤空位引敵手攻入；目視敵攻防手。（圖 2-13）

②敵滑步逼近我身，右拳虛晃，出左拳直擊我中盤空位；我則左腳速後移步，身勢右後移閃，以右低姿玄虛式引敵攻勢手落空於右肩前；同時速以左手向身左下採敵左腕上側，右手托抓住敵左臂下側，雙手十指用力扣捏迅猛抖折敵左腕、臂；目視敵攻防手。（圖 2-14）

③若敵不及抽脫左手，我即擰臂摔跌制敵；若敵及時起右拳攻擊我頭面，同時抽脫左手，我則速起兩手，以右架左按法架抓住敵右肘、腕，並以挫折力致敵肘、腕折傷；目視敵右臂。（圖 2-15）

④我雙手無論控制住敵左腕還是右腕，在敵不及換勢反擊的情況下，都要迅速潛身以坐盤式貼近敵中、下盤，在右手五指用力扣捏向右上擰拽敵右腕、迫使其身勢前傾而不易起腿之際，速出左掌迅猛撩擊敵襠部要位，使敵痛極難忍而喪失反抗能力；目視敵襠部（圖 2-16）。

我左手撩中敵襠部後，五指速發力，抓捏住敵襠部向

圖 2-15

圖 2-16

前上抓提，右手同時外旋，用力向右下擰拉敵右腕；身勢同時右轉上起，左腳迅速向左後滑蹬敵鄰近腿，迫使敵失衡左倒而敗北。

【要點】

上述分解動作要上下協同、一致到位、迅猛有力。要於身勢移閃中控制敵中、上盤攻勢手。破敵連環攻勢變招要迅速，控制敵手要及時準確，運勁發力要深沉，意、氣、力運集於兩手十指及右臂。

潛身坐盤與右手擰拽、左手撩擊要協同一致，擰拽運勁發力要深沉，撩擊運勁發力要迅猛，意、氣、力運集於右手五指及左掌根。左手抓提、右手擰拉與左腳滑蹬要順勢借力，手腳合一，運勁發力要猛烈深沉，意、氣、力運集於兩手十指及左腳踝外側。

三、騎馬擒臂手

①由站立式起。左腳撤步，身勢右閃後移；同時，左

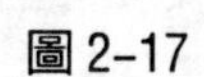
圖 2-17

圖 2-18

圖 2-19

手上起內旋，經面前向前下採按，右手前伸外旋仰掌，向左手前托抓，功力運達兩手十指；目視雙手。（圖 2-17）

②右腳向右後滑蹬，兩腿屈蹲成騎馬式；同時，左手外旋，用力向左下擰拉，右手用力向左上抖托拉拽，兩手十指摳緊，功力運達兩手十指；目視右手。（圖 2-18）

③騎馬式不變；左手五指摳捏向上迅猛抖抬，同時右手五指摳抓內旋翻腕，猛力翻擰，隨即用力向下按推，功力運達兩手十指；目視右手。（圖 2-19）

④騎馬式不變，身勢屈蹲下沉；左手抓緊，用力向右膝內側擰按，同時右手略向右前滑移，五指摳捏，猛力向右膝外側下按，功力運達兩手十指及右膝蓋；目視右手。（圖 2-20）

【運用】

①我與歹徒對峙中，以右玄虛式左上右下開合手設中、上盤空位誘敵手搶攻入扣。當敵進身以左式順手拳攻擊我上盤空位時，我即於撤步右閃中以左手採抓敵左腕，右手托抓敵左

圖 2-20

圖 2-21

圖 2-22

肘關節外側，順勢發力抖折敵左腕、臂，控制敵攻勢手；目視敵左腕、臂。（圖 2-21）

圖 2-23

②我乘敵護痛而攻守失調之際，左手五指扣緊敵左腕關節及脈穴用力內旋向身前擰拉，右手捏抓敵左肘關節用力向身前拉拽，迫使敵護痛而前傾跟進；同時右腳迅速向右後滑蹬敵前鋒左腿，迫使敵重心前傾而失去穩衡；目視敵左臂。（圖 2-22）

③不容敵調節身勢或出右手解脫被控制手臂，我左手五指繼續用力扣捏擰拉敵左腕，同時右手五指摳抓敵左肘關節猛力內旋向前下擰按，或先內旋上起，再猛力向下拍按敵左肘，迫使敵因肘、腕扭傷護痛而前傾扶地；目視敵左臂。（圖 2-23）

④我身體迅速蹲沉，左手五指扣捏住敵左腕關節，繼

續用力向前下擰按，右手迅快速溜冰至敵左肩，五指用力摳捏住敵肩井、鎖骨或腋窩，猛力向前下按壓，將敵左肘於我右膝上迅猛磕折，迫使敵喪失反抗能力蹲身跪地而前倒；目視敵左臂。（圖 2-24）

圖 2-24

【要點】

兩手採托、抖挫、擰拉敵攻勢手和擰按、磕折敵攻勢手要連貫迅猛，一氣呵成，要與騎馬步滑蹬敵前鋒腿上下協合。兩手採托抖挫敵腕、肘運勁發力要柔順轉迅猛，擰拉敵腕、肘運勁發力要深沉，按壓磕折敵肘、臂運勁發力要猛烈，意、氣、力運集於兩手十指及右膝上側。

四、勾蹺斬腰手

①由站立式起。左腳向後撤步，身勢略後移左閃；同時，左手左上起內旋，經面前向下封按，右手仰掌前下伸，高約與腰平，功力運達兩手十指；目視左手。（圖 2-25）

②身勢略左轉右閃後移下沉；同時，左手順封按內旋右上起，經面前向左撥抓；右手向左前托抓，兩手抓緊合力抖挫，功力運達兩手十指；目視雙手。（圖 2-26）

③身勢略右轉前移；同時，右手五指抓緊用力向身前拉拽，左手前推，兩手同時協力向上推舉，功力運達兩手十指；目視兩手。（圖 2-27）

圖 2-25
圖 2-26
圖 2-27
圖 2-28

④左腳蹬地，身勢前移，右腿隨之屈膝撐穩，左腳回勾內扣用力向右前勾蹺；同時，左手用力向左上擰拉，右手隨左手左推後即外旋，向右前弧擺，再猛力向左腰外側橫砍，功力運達左手五指、右掌外側及左腳踝內側；目視右掌（圖 2-28）。隨即左手向左下擰拉，右手向左後推按；左腳繼續向右前勾蹺。

【運用】

①我與歹徒對峙中，以右玄虛式左上右下開合手設中、上盤空位誘敵手搶攻入扣。當敵滑步突進，以右式順手拳攻入我上盤空位時，我身勢迅速向左移轉，讓開敵拳

圖 2-29

圖 2-30

擊路線，使敵右拳落空於我右肩前，左手同時速向右撥扣按抓敵右腕外上側；目視敵攻防手。（圖 2-29）

圖 2-31

②若敵及時抽回右臂，使我左手撥空，隨即出左拳直擊我頭面；我身勢速右移右閃，以右低姿玄虛式避讓敵拳鋒芒，同時左手迅速外旋上起，由面前向左下撥抓敵左腕外側，右手隨身勢移閃速上起托抓住敵左肘關節外下側，兩手同時抖挫用力折敵肘、腕，並順勢向左下拉拽敵左臂，牽動敵重心，迫使敵失衡前倒；目視敵攻防手。（圖 2-30）

③若敵上步欲穩住身勢，出右拳直擊我頭面，以解脫左臂，挽回敗勢；我兩手十指用力扣捏敵肘、腕關節及脈穴，使敵護痛而力散。當敵右拳沖至其左臂上側時，我兩手即扣捏住敵左肘、腕用力向上舉架住敵右臂，迫使敵重心上浮而攻防失調；目視敵右臂。（圖 2-31）

④我乘敵失調之際，左手五指抓緊敵左腕關節猛力向左上擰拉，右手同時協力向左上托拽敵左肘。當敵左臂被擰拉上伸而身體前傾時，我右腿即屈沉撐穩，左腳隨即向右前勾蹺抵住敵雙腿，使敵雙腿無法前移及穩衡身勢，同時右手變仰掌猛力揮砍敵左腰肋，斬腰後即成俯掌，用力向左下推按敵腰、背，迫使敵在我上拽、下抵、中推按的合力作用下失衡仆倒；目視敵中、上盤。（圖 2-32）

圖 2-32

【要點】

左閃扣腕、右閃撥抓腕、托肘折臂要上下協合，變勢迅速。扣腕與撥抓運勁發力要疾快，托肘折臂運勁發力要剛脆，兩手扣捏敵肘腕舉架，運勁發力要深沉，意、氣、力運集於兩手十指。左手外旋擰拉敵左腕、右手托拽敵左肘運勁發力要猛烈，左腳勾蹺敵腿運勁發力要深沉，右手斬腰推按運勁發力要猛烈深沉。意、氣、力運集於兩手十指、左腳踝內側轉至右掌外側，再達右掌心。

五、開弓窩心手

①由站立式起。左腳向後撤步，身勢略右閃左轉後移下沉；同時，左手上起內旋向面前採抓，右手仰掌向左手前托抓，兩手合力掰挫向左下抖拉，功力運達兩手十指；

圖 2-33

圖 2-34

圖 2-35

目視雙手。（圖 2-33）

②左腳蹬地，身勢略右轉左閃前移；同時，左手五指抓捏用力向左下拉拽，右手變掌右上起猛力反掌甩擊，掌背向右，高約與耳平，功力運達左手五指及右掌背；目視右掌。（圖 2-34）

圖 2-36

③左腳蹬地，右腳速向前滑移，身勢隨之前移；同時，左手繼續用力向左後拉拽，右手屈肘略收再用力挺指前戳，指高約同心窩，功力運達左手五指及右指尖；目隨視右手。（圖 2-35）

④兩腿左蹬右弓，身勢前移下沉成右開弓式；同時，右手變戳指為側立掌，迅猛坐腕前擊，掌根高約同心窩，左手隨之向前抖推，功力運達兩掌根及掌外側；目隨視右掌。（圖 2-36）

【運用】

①我與歹徒對峙中，以右高姿玄虛式左上右下開合手

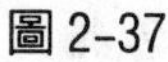
圖 2-37

圖 2-38

設中、上盤空位誘敵手攻入。當敵以右格鬥式滑步逼近我身，左手虛晃中出右拳攻擊我中盤空位時，我身步迅速撤移右閃，以右低姿玄虛式避敵攻勢鋒芒，同時以左手採按敵右腕上側，以右手托抓敵右腕下側，兩手採托住敵右腕後即發力抖折敵右臂；目視敵攻防手。（圖 2-37）

②若敵右臂運力後掙，左手欲攻擊我頭面以協助擺脫右手；我左手五指用力扣捏敵右腕關節及脈穴，使敵護痛而力散，右手同時鬆開敵右腕，順敵右臂內側甩掌上起，迅猛反搧敵面右耳及右太陽穴，同時以右臂擋開敵左攻勢手，身勢隨之前移以助發力，使敵頭暈眼花而攻守失調；目視敵頭面。（圖 2-38）

③若敵右腳向後退步，欲擺脫我攻擊距離，左手同時本能回收撥按我右臂以護住頭面；我左腳蹬地，右腳迅快速溜冰進套抵住敵前鋒左腿後腳踝；同時，左手五指繼續用力扣捏敵右腕關節及脈穴，使敵護痛而力散，右手順敵撥按之勢略收落，以前插掌迅猛插點敵護心骨或胸前要位，迫使敵護痛而縮身；目視敵中盤。（圖 2-39）

圖 2-39

圖 2-40

④我不容敵抽身換式或變招防守，左手五指繼續用力扣捏敵右腕關節及脈穴，使敵不能抽手逃脫。同時身勢速前移下沉，右膝以開弓式撞擊敵前鋒左腿膝外側，右掌沉掌抖腕，以掌根外側迅猛前擊敵心窩或中盤要害穴位。左手可以同時抖放敵右臂，使敵胸骨折傷、失衡仰跌、喪失反抗能力而降服；目視敵中盤（圖 2-40）。

【要點】

採托敵手與閃身相合、抖折敵腕臂要及時、準確，運勁發力要柔順轉剛脆，意、氣、力運集於兩手十指。右手反掌搧面、插指點胸、抖擊心窩要連貫迅猛，一氣呵成。手法變式要與步法變換上下協調，一致到位。搧掌擊面運勁發力要迅猛，插掌點胸運勁發力要迅疾，抖擊心窩運勁發力要猛烈，意、氣、力運集於右掌背，轉至右掌指，再轉至右掌根外側。

左手捏拉敵左腕運勁發力要深沉，抖推敵左臂要與抖擊敵心窩一致到位，運勁發力要猛烈，意、氣、力運集於左手五指，轉至兩掌根及掌外側。

第三章
武當玄真拳中五捶實用制敵術

武當玄真拳中五捶實用制敵術屬於內家拳功法，實用於近身短打格鬥。實戰對敵時，講究設空誘敵、引進落空、順勢借力、後發制敵。

武當玄真拳中五捶實用制敵術是從武當玄真拳法中精選出來的沖肋捶、通肚捶、順沖捶、壓挑捶、破襠捶五種中盤攻擊性捶法。

與敵對峙中，以中盤空位引敵攻勢手入扣，於有備閃避中控制敵攻勢手，再以採、擰、截、挫等手法使敵腕、肘關節傷折，乘敵護痛失調之際，因勢施招，選取五捶中應手招法簡便直接地攻擊敵中盤要害空位，克敵制勝。

一、封手騎馬沖肋捶

①由站立式起。左腳向左後撤步，身勢後移沉坐成右玄虛式；同時，左手內旋屈肘上起於頭左前方，掌心向前；右手外旋仰掌前伸於右腰前，成上盤開合手式，功力

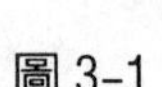

圖 3-1

圖 3-2

圖 3-3

運達兩手十指；目視右前方。（圖 3-1）

②左腳蹬地，右、左腳先後向右後略滑移，身勢隨之右閃前移；同時，右手右上起內旋，經面前向左下扣指封按，左手經面前向右肩前封按；功力運達兩手十指；目隨視右手。（圖 3-2）

圖 3-4

③兩腳右展左扣，左腿蹬伸，身勢隨之右轉前移；同時，右手繼續向下封按，左手隨轉身上起，向右手小指前側扣指封按於右肩前，右手隨即握收於右腰前，功力運達兩手十指；目視左手。（圖 3-3）

④左腳蹬地，兩腳迅速向前滑進，身腰隨之左轉下沉成騎馬式；同時，左手五指扣緊按於右肩前，右拳隨前移下沉抖腕猛力前擊，高約與肋平，功力運達左手五指及右拳面；目視右拳（圖 3-4）。身勢移轉中，右手向右撥抓，左拳同時振臂直擊。

圖 3-5

圖 3-6

【運用】

①我與歹徒對峙中，若敵以左側身格鬥式逼近我並尋機搶攻，我速撤左腳，身勢隨之後移沉坐，以右玄虛式對敵，左手同時內旋左上起護住頭面左側，右手仰掌前伸護住右腰肋，以上盤開合手設中盤空位誘敵手攻入；目視敵攻防手。（圖 3-5）

②若敵滑步突進中右拳虛晃，出左拳直擊我頭面空位；我左腳快速蹬地使右腳向右後滑移，左腳隨之向右後滑移，身勢右閃前移；同時，右手內旋上起，扣指封抓敵左臂，左手護面向右肩前封按；目視敵左拳臂。（圖 3-6）

③若敵攻勢手被封抓，左腳迅速撤步後掙，出右手推撥我右臂以求救招解脫；我左腳蹬地，兩腳迅速向前跟逼敵身，身勢前移右轉；同時，右手五指繼續用力扣抓敵左腕關節向下封按，左手上起，經面前向右手小指外側封按，扣指換抓敵左腕關節，右手換出後抓握變拳收於右腰前，蓄勢待發；目視敵攻防手。（圖 3-7）

圖 3-7

圖 3-8

④若敵攻防手被連續封按而失去進攻優勢，必會撤步後掙，極力擺脫不利困境；我則左腳蹬地，使兩腳迅速滑進緊逼敵身，保持攻擊距離，兩腿隨之屈蹲成騎馬式，套勾住敵前腳跟；同時，左手五指用力摳抓敵左腕關節，將敵左手按於右肩上，右拳乘身勢左轉下沉抖腰振臂猛力沖擊敵左肋，致使敵左肋骨斷折，內臟損傷；目視敵中盤（圖 3-8）。敵若盡力抗衡，我則速以右手撥抓敵攻防手，身勢移轉中出左拳攻擊敵側肋而將敵制服。

【要點】

設中盤空位，意在有備防守中引敵攻勢手入扣，順勢制敵。身勢移閃與封按敵攻勢手要協調一致，準確有力。右左封按換手要快速連貫。封手中五指要用力摳抓住敵腕關節，使敵手不能抽脫。運勁發力要迅疾深沉，意、氣、力運集於兩手十指。滑進步轉身騎馬式要與左抓按、右沖捶上下協合，一致到位。要以敵撤步後掙之勢和我進身沖肋之力合作用於敵身，並以套腳連環沖肋捶將敵擊出。左手抓按運勁發力要深沉，右、左連環沖肋捶運勁發力要猛烈，要以抖腰振臂助增發力，意、氣、力運集於左手五指，右腳踝內側轉至兩拳面。

二、挫臂蹲身通肚捶

①由站立式起。左腳向後撤步，身勢後移下坐成右玄虛式；兩手同時上起成開合手守式，隨即右臂屈肘立前臂，由右向身前磕格，肘下垂，高約與肋平，左手由左向身前抖推於右肘內上側，功力運達右肘臂外側及左掌心；目視右臂。（圖 3-9）

②左腳蹬地，身勢右轉前移；同時，右臂內旋，經面前左上架，左臂內旋，經面前右上架，兩前臂隨勢交叉上夾，兩手同時內旋翻扣，功力運達兩掌及前臂外側；目視兩臂。（圖 3-10）

③左腳向右腳內側上步，兩腿靠緊屈蹲；同時，左手扣指抓握用力向左撥拉，右手下落於腹前抓握變拳，隨身勢前移下沉振臂抖腕前沖，高約與肩平，功力運達左手五指及右拳面；目先隨左手，轉視右拳。（圖 3-11）

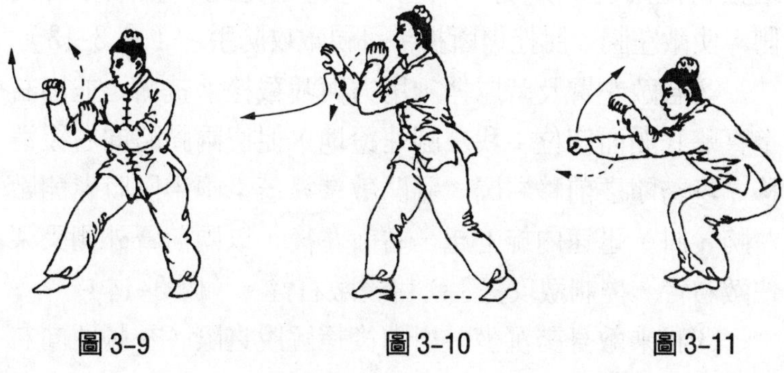

圖 3-9　　圖 3-10　　圖 3-11

圖 3-12

圖 3-13

④併步屈蹲不變；右拳變掌，向右上內旋，撥抓於面前，左手同時外旋，抓握下落再向前內旋抖腕沖擊，高約與肩平，功力運達右手五指及左拳面；目隨右手轉視左拳（圖 3-12）。右腳向前上步之同時，左手向左上撥抓，右拳向前連環沖擊。

【運用】

①我與歹徒對峙中，若敵以左側身格鬥式滑步突近我身，右拳虛晃擾我，出左拳直擊我中、上盤空位；我左腳速後撤步，身勢後移下沉，以右玄虛式引敵左拳擊空落於身前；同時，兩臂速上起，經開合手，以右前臂外側向左迅猛抖磕敵左肘外側，以左掌心向右迅猛抖推敵左腕內側，使敵左腕、肘挫傷斷折；目視敵攻防手。（圖 3-13）

②若敵左臂及時屈掙，用力與我截挫手抗衡，並出右拳直擊我頭面空位；我左腳速蹬地，促使兩腳略向右後滑移，身勢隨之前移右閃，避開敵拳鋒芒；兩手同時鬆開敵左腕、肘，迅速內旋上起，右前左後，以兩前臂外側叉架住敵右臂，控制敵攻勢手；目視敵右臂。（圖 3-14）

③我乘敵身勢沉坐、用力後掙解脫之際，左腳速向右

圖 3-14

圖 3-15

腳內側上步，身勢蹲沉中左手迅速內旋，扣指抓住敵右腕關節用力向右下擰拉，同時，右手協助左手抓住敵右腕後，即收落變拳，迅猛沖擊敵腹部，使敵內臟受擊打損傷而護痛後仰；目視敵中、下盤。（圖 3-15）

圖 3-16

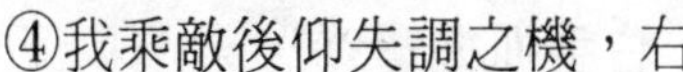

④我乘敵後仰失調之機，右拳迅速回收，向右翻抓擰拉敵左防護手，同時，左手抖按開敵右臂，握拳迅猛沖擊敵腹部，使敵內臟被連續重擊而仰身後倒；目視敵中、下盤（圖 3-16）。

敵若及時運功與我抗衡，我則右腳迅速上步，套抵住敵前鋒鄰近腿，以左手撥架開敵防護手，同時右拳迅猛沖擊敵胸、腹空位，催敵後倒。

【要點】

兩手左右橫向抖挫要在敵左腕、肘沖直之時發力，要準確推截敵左腕、肘關節，爆發抖挫力。運勁發力要剛脆，意、氣、力運集於右前臂外側及左掌心。滑移步閃身與兩手臂叉架要上下協調，叉架中要以兩臂叉夾住敵右臂。運勁發力要深沉，意、氣、力運集於兩臂外側。上步左右通肚捶要在撥抓開敵攻防手之同時沖肚。

撥抓手運勁發力要深沉，通肚捶運勁發力要猛烈，意、氣、力運集於左手五指及右拳面，轉至右手五指及左拳面，再以下抵上擊之合力致敵仰跌。

三、擒臂順沖窩心捶

①由站立式起。左腳向後撤步，身勢後移沉坐成右玄虛式；同時，兩手上起成開合手守式，隨即右臂內旋，屈肘平前臂由身前架起，再向右立前臂迅猛抖格，隨之內旋向右扣指勾抓，左手經面前向右肘內上側用力封按，功力運達右前臂外側及兩手十指；目隨視右臂。（圖 3-17）

②左腳蹬地，右腳速向前滑進成右開弓式；同時，左手五指扣抓於右肩前上方，右手抓握變拳，乘進步沉身之勢振臂抖腕向前迅猛沖擊，高約與肩平，功力運達左手五

圖 3-17

圖 3-18

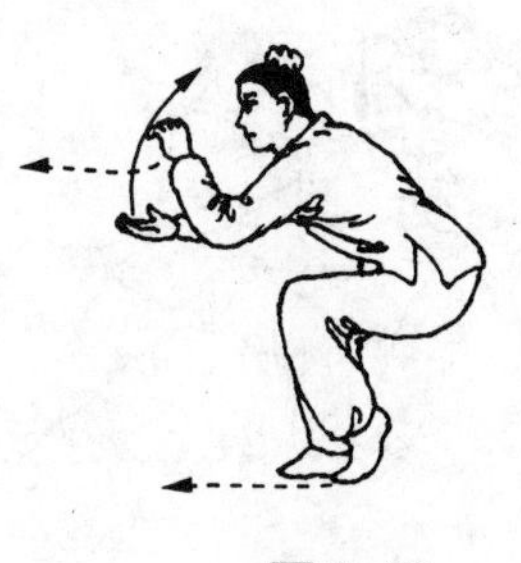
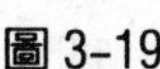

圖 3-19

圖 3-20

指及右拳面；目隨視右拳。（圖 3-18）

③左腳向右腳內側上步丁點，身勢繼續蹲沉略右閃；同時，右手略收落外旋，成仰掌向左上托起，左手內旋，向左前撥抓，兩掌心相對，高約與肩平，功力運達兩手十指；目視雙手。（圖 3-19）

④右腳蹬地，左腳向前上步成左開弓式；同時，右手內旋翻掌，向右上撥推，左手抓握變拳，振臂抖腕向前沖擊，高約與肩平，功力運達右掌及左拳面；目隨右手轉視左拳（圖 3-20）。

右腳向左腳內側上步丁點之同時，左手向右肩前封按，右拳向前迅猛沖擊。

【運用】

①我與歹徒對峙中，若敵以左側身格鬥式逼近我，尋機搶攻；我則故意露中、上盤空位引敵入扣。當敵滑步突進中以右臂護頭，出左拳直擊我中、上盤空位時，我左腳速向後撤步，身勢後移沉坐，以右玄虛式引敵拳擊空落於身前，同時兩手快速上起成開合手，再以右前臂外側經身前上架敵左臂，以左手採按敵攻勢手，兩手猛力抖折敵左

圖 3-21

圖 3-22

肘、腕，隨即向右下纏擰敵左腕、臂，使敵肘、腕折傷；目視敵攻防手。（圖 3-21）

②若敵以右臂護住頭面，身勢後坐，及時用力掙脫左臂；我左腳蹬地，右腳迅速滑進緊逼敵身，同時，右手抓握變拳，以右式順手捶猛力沖擊敵心窩要位，使敵護心骨及內臟損傷而喪失攻防能力，左臂屈肘立前臂護住中、上盤；目視敵中、上盤。（圖 3-22）

③若敵身勢及時沉坐側移左轉，使我右拳擊空，並以左拳前擊我頭面欲挽回敗勢；我左腳速向右腳內側上步丁點，使身勢右閃前移，避開敵拳鋒芒，同時右手速下落回收外旋仰掌，托抓敵右腕、臂下側，左手內旋變掌，向外撥抓敵右拳、腕上側，兩手十指用力摳抓住敵腕關節及脈穴，使敵護痛而力散；隨即以金龍合口手法致敵倒地而降服；目視敵右臂。（圖 3-23）

④若敵及時起左手救招，右臂用力後掙解脫；我乘敵後掙之勢左腳迅速上步跟進，身勢前移中以左開弓式緊逼敵身；同時，以右手撥推開敵中、上盤防護手，以左式順手捶猛力衝擊敵心窩要位，使敵胸骨及內臟因連續受擊損

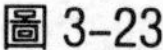

圖 3-23　　圖 3-24

傷而仰跌；目視敵中、上盤（圖 3-24）。

敵若極力穩住身勢，回招自救，我速於上步進身中，以左手封按敵中盤防護手，以右拳連環衝擊敵心窩要位，催敵後倒而喪失反抗能力。

【要點】

右架左按抖挫纏臂手法要乘敵拳沖勢已盡、收勢未發之際進招。運勁發力要猛烈深沉，意、氣、力運集於右前臂外側及兩手十指。右腳要隨敵掙勢進步開弓，右拳不可回收過大，要利用身腰移轉振臂抖擊敵心窩，步到拳到。

運勁發力要迅猛，意、氣、力運集於左手五指及右拳面。上步丁點托按合口手摳抓敵攻防手腕要有力，運勁發力要深沉，意、氣、力運集於兩手十指。

上步進身與左右封撥掌窩心捶要連貫迅猛，上下協合，準確有力。封撥掌運勁發力要深沉，窩心捶運勁發力要猛烈，爆發力要強大，意、氣、力運集於右手五指及左拳面，轉至左手五指及右拳面。

四、採腕壓挑擊腋捶

①由站立式起。左腳撤步，身勢後移右閃下沉，兩腿隨之屈蹲成右低姿玄虛式；同時，兩手上起經開合手式，再以左手由面前向左下撥抓擰拉於腹前，右手隨之上起握拳，以前臂外背側由面前向下滾壓於右膝前上方，功力運達左手五指及右前臂外背側；目隨左手轉視右前臂。（圖3-25）

②身勢上起前移，左手五指抓捏繼續用力擰拉，右拳同時內旋抖腕振臂前沖，略低於肩，功力運達左手五指及右拳面；目隨視右拳。（圖3-26）

③左腳蹬地，身勢前移右轉；同時，右拳變掌上起，經面前向下用力封按於左肩前，左手變拳向右前伸，屈肘平前臂內旋向前上抖挑於右手前約一尺遠，拳面向右，高約與肩平，功力運達右手五指及左前臂外側；目隨右手轉視左前臂。（圖3-27）

④左腳向前上步，前腳掌抵地成左玄虛式；同時，右

圖3-25

圖3-26

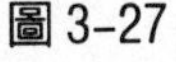

圖 3-27

圖 3-28

手五指扣抓用力按於左肩前，左拳抖腕振臂迅猛前擊，略低於肩，功力運達右手五指及左拳面；目視左拳（圖 3-28）。右腳蹬地，身勢前移，左拳變掌速上起，經面前向右手前封按，右手同時握拳抖腕振臂向前迅猛沖擊。

【運用】

①我與歹徒對峙中，若敵以左側身格鬥式逼近我，右拳虛晃護面，出左拳直擊我中盤空位；我左腳速向後撤步，身勢後移右閃左轉，以右玄虛式引敵拳擊空落於身前；同時，兩手上起經開合手，以左手由面前向左撥帶敵左腕、臂，隨即內旋扣指抓握敵左腕用力向左下擰拉，右臂屈肘上起，以肘、臂外背側猛力向左下滾壓敵左肘關節；身勢隨之屈蹲前俯以助擰壓發力，順敵前沖之勢致敵前倒；目視敵攻防手臂。（圖 3-29）

圖 3-29

②若敵屈臂用力抗衡後掙，

圖 3-30

圖 3-31

我速隨敵掙勢上起前移，左手五指用力抓捏住敵左腕關節及脈穴繼續擰拉，使敵護痛而力散，右拳同時內旋，抖腕振臂迅猛衝擊敵左腋窩，使敵護痛而後倒；目視敵左腋窩及防護手。（圖 3-30）

圖 3-32

③若敵左臂用力掙脫，身勢及時左轉避過我右沖拳，並出右拳反擊我頭面空位；我右拳速變掌上起，經面前用力向左封撥敵右腕、臂，搭手後即扣指抓住敵右腕按於左肩前，同時在身勢前移右轉中，速屈左臂，以左前臂外側向前上迅猛挑截敵右肘關節，使敵右腕、肘折傷而失去攻防能力；目視敵右臂。（圖 3-31）

④我乘敵攻守失調而全力後掙之際，左腳速上步，套抵住敵前鋒左腳踝，緊逼敵身，保持攻擊距離；同時，左拳抖腕振臂迅猛沖擊敵右腋窩，使敵護痛而後倒。敵後仰倒勢已定時，我右手即用力抖推敵右腕，催敵仰跌；目視敵右腋窩及上盤（圖 3-32）。

敵若盡力穩住身勢，我則速進身緊逼，左手屈收換抓住敵右腕、臂之同時，速出右拳迅猛沖擊敵右腋窩，使敵腋骨及內臟損傷喪失反抗能力而仰跌。

【要點】

撤步轉身與撥抓壓肘要上下協合，準確有力。右前臂要儘量滾壓在敵左肘關節外側，有利於折傷敵肘。運勁發力要深沉，意、氣、力運集於左手五指及右前臂外背側。左手五指抓捏敵腕關節，運勁發力要深沉，右拳要乘敵掙勢，順敵左臂內側直擊其左腋窩，運勁發力要猛烈，意、氣、力運集於左手五指及右拳面。身勢移轉與封手挑臂要上下協調，一致到位，左前臂要儘量挑在敵右肘關節外側，易於折傷敵肘，運勁發力要猛烈，意、氣、力運集於右手五指及左前臂外側。進步套腳與左右封手擊腋捶要上下協合，連貫迅猛，封手運勁發力要深沉，擊腋窩運勁發力要猛烈，意、氣、力運集於左腳踝內側、右手五指及左拳面，轉至左手五指及右拳面，以抵腳連環捶擊敵仰跌。

五、折臂摟腿破襠捶

①由站立式起。左腳向後撤步，身勢後移沉坐成展腳右玄虛式；兩手同時上起成開合手，左手經面前向下採按，右手經胸前仰掌上托於左手前，兩手高約與肩平，功力運達兩手十指；目視兩手。（圖 3-33）

圖 3-33

圖 3-34

圖 3-35

②右腳蹬地，身勢後沉右轉，左腳內扣成右玄虛式；同時，右手內旋翻腕右撥，扣指抓握向右擰拉，左手下落五指撮攏，經身前向左後勾摟，功力運達兩手十指；目隨右手轉視左勾手。（圖 3-34）

圖 3-36

③左腳蹬地，右腳向右前挺膝滑蹬；同時，左臂外旋向左上挎肘，五指扣抓於胸前；右手五指扣抓，用力向右前抖推，功力運達兩手十指及左肘、臂內側；目隨左手轉視右拳。（圖 3-35）

④右腿蹬直，身勢左轉成左橫開弓式；同時，左肘、臂挎緊，左手五指抓緊向左肩處拉帶；右手握拳略回收，猛力向右前下擊，拳面向右下，高約與襠平，功力運達左肘臂內側、左手五指、右腳踝外側及右拳面；目隨視右拳。（圖 3-36）

【運用】

①我與歹徒對峙中，若敵以左側身格鬥式逼近我身，

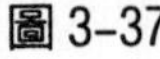
圖 3-37

圖 3-38

左拳虛擊，出右拳直擊我頭面空位；我左腳速向後撤步，身勢隨之後移，右閃左轉成展腳右玄虛式，引敵右拳落空於面前；同時，兩手上起經開合手，以左手採按敵右腕上側，以右手上托敵右肘下側，兩手合力迅猛抖挫敵右腕、肘關節，使敵右腕、肘傷折而攻守失調；目視敵攻防手。（圖 3-37）

②若敵及時屈掙右肘、臂抗衡我抖挫力，同時身勢前移左轉，起右腳踢擊我襠、腹要位；我則在敵身勢前移左轉時，判斷出敵欲起右腿踢擊，左腳迅速內扣，身勢右轉下沉，以右玄虛式夾護住襠、腹，同時右手內旋翻抓，向右擰拉敵右腕，左手向左下勾摟敵左腿，控制住敵攻勢拳腳；目視敵中、上盤，轉視其右腿。（圖 3-38）

③我左手勾摟住敵右腿，隨即外旋翻手，經敵右腿下外側上摟，將敵右腿挎抱於身前；同時，左腳蹬地，使右腳用力滑蹬敵支撐腿內後側，右手隨之用力前推敵右臂，迫使敵失衡而仰身後倒；目視敵腿，轉視其上盤。（圖 3-39）

圖 3-39

圖 3-40

④我乘敵仰勢，右腿蹬伸抵住敵支撐腿，左臂滑抱住敵右腳踝，右手隨之抖推開敵右臂抓握變拳，略回收後即振臂抖腕猛力沖擊敵襠、腹要位，使敵痛極難忍而喪失反抗能力。我左手繼續用力摟抱住敵右腿，右拳用力向前下栽頂敵襠、腹要位，同時身勢左轉，以左橫開弓式助增發力，迫使敵仰身後倒；目視敵襠、腹部。（圖 3-40）

【要點】

採托抖挫手要與撤步移身上下協調。採托中要於敵右臂伸直時抖挫發力，採托運勁發力要柔順，抖挫運勁發力要剛脆，意、氣、力運集於兩手十指。沉身扣膝要與右手撥抓、左手勾摟上下協調，運勁發力要深沉，意、氣、力運集於兩手十指。

右腿滑蹬、左臂摟抱與右手抖推轉右拳栽擊要上下協調，連貫完成，抵腿摟抱運勁發力要深沉，右破襠捶抖擊運勁發力要猛烈，意、氣、力運集於右腿後側、左肘臂內側、左手五指及右拳面。要以槓杆力和旋轉力共同作用於敵身，催敵仰跌而降服。

第四章
武當玄真拳上五捶實用制敵術

武當玄真拳上五捶實用制敵術屬於內家拳功法，講究設空誘敵、引進落空、順勢借力、後發制敵，實用於近身短打格鬥。

武當玄真拳上五捶實用制敵術是從武當玄真拳法中精選出來的摜面捶、挑崩捶、掄劈捶、甩鞭捶、摜耳捶五種上盤攻擊性捶法。與敵格鬥中，先設上盤空位將敵上盤攻勢手引進落空，再以採托手法控制抖挫敵攻勢手腕、肘關節，乘敵護痛失調之際，順勢施招，選取五捶中應手招法簡便直接地攻擊敵上盤要害空位，克敵制勝。

一、封手摜面捶

①由站立式起。左腳向後撤步，身勢後移沉坐成右玄虛式；同時，左手立掌上起於頭左前方，掌心向前；右手仰掌伸於右腰前，掌指向前，功力運達兩手十指；目視右前方。（圖 4-1）

圖 4-1

圖 4-2

圖 4-3

圖 4-4

②左腳蹬地，身、步速向右略閃前移；同時，左手順勢向身前封抓，右手向前上仰掌托抓，兩手封托約同肩高時用力上下抖挫，右手隨即抓握內旋右上掄起，向前上方猛力摜擊，拳面斜向左前，高約與目平，功力運達兩手十指轉至右拳面；目視兩手，轉視右拳。（圖 4-2）

③右拳變掌，順擺摜之勢屈肘回收，向身前屈指扣按；左手同時屈指向右肩前扣按，功力運達兩手十指；目隨視右手。（圖 4-3）

④右手五指扣緊，繼續用力向身前下按；同時，左腳蹬地，身勢右轉前移；左手抓握變拳，隨右轉之勢內旋左上掄起，向前上方猛力摜擊，拳面斜向右前，高約與目平，功力運達右手五指及左拳面；目視左拳。（圖 4-4）

圖 4-5

圖 4-6

【運用】

①我與歹徒對峙中，若敵以右側身格鬥式逼近我，尋機搶攻；我則身、步速後撤，以右玄虛式對敵；同時，左手上起於頭面左側，右手仰伸於右腰前成開合手式，設上盤空位誘敵搶攻，運功待敵；目視敵攻防手。（圖 4-5）

②若敵滑步逼近我身，右拳虛晃，出左拳直擊我頭面空位；我則身、步速撤移右閃，以右玄虛式避開敵拳鋒芒，同時以左手採按敵左腕，右手上起托抓住敵左肘關節下側，兩手協力抖挫敵左腕、肘。乘敵護痛失調之際，我左手五指用力扣抓住敵左腕於右胸前，右手鬆開敵左肘變拳右上起，猛力摜擊敵左太陽穴或頭面，迫使敵回招自保；目視敵頭面。（圖 4-6）

③若敵用力後掙躲閃，起右手撥擋我右臂；我右拳快速變掌，五指用力回扣敵右腕、臂向身前按壓，雙手協力扣鎖敵兩臂，使敵無法抽回雙臂變換攻防招法；目視敵兩臂。（圖 4-7）

圖 4-7

圖 4-8

④我乘敵全力後掙欲解脫之際，右手繼續用力扣按住敵右腕，同時身勢速右轉前移，左手隨勢鬆開敵左腕變拳左上起，猛力摜擊敵右太陽穴及頭面，使敵既無法脫身閃避，也無法回招防守，頭面要害部位受重擊，頭昏目眩而倒地；目視敵頭面。（圖 4-8）

【要點】

設上盤空位既要保證能誘敵搶攻，又要便於自己有備防守。移步閃身與兩手左採右托要上下協調，採托運勁要柔順，抖挫發力要剛脆，意、氣、力運集於兩掌及十指。兩手左封按右摜捶應發招於敵左外側背勢，使敵無法回身反擊，我右拳摜面後要順勢扣指封按住敵防護手，使敵上盤仍然空位，便於我左拳連續摜擊敵頭面，使敵防不能防、避不能避而被擊中。

左右封按手運勁發力要深沉，左右摜捶要充分利用抖腰振臂助增發力，運勁發力要猛烈，意、氣、力運集於兩手十指轉至兩拳面。敵若反抗，我則可以繼續左右封手摜捶連擊敵頭面要位，直至敵降服。

圖 4-9

圖 4-10

圖 4-11

二、擒腕挑崩捶

①由站立式起。左腳撤步沉身成右玄虛式；同時，左手上起經頭左前方向前下用力採按，右手經右腰側前伸，仰掌上托，兩手於身前用力採托抖挫，功力運達兩手十指；目視雙手。（圖 4-9）

②身勢速右閃前移；同時，左手五指扣緊用力向左下拉按，右手略收落再右上起，經面前向下扣手封按，功力運達兩手十指；目視右手。（圖 4-10）

③左腳內扣蹬地，身勢右轉；同時，左拳變掌左上起，經面前於右手前側扣指封按，右手五指握拳於身前蓄勢待發，功力運達左手五指及右拳；目視左手，轉視前方。（圖 4-11）

④左手五指扣緊，用力向身前按壓；同時，身體速左轉前移成右開弓式；右拳同時屈臂上挑，經面前外旋向前上方猛力反臂崩打，功力運達左手五指及右拳背；目隨視

圖 4-12

圖 4-13

右拳。（圖 4-12）

【運用】

①我與歹徒對峙中，若敵以右側身格鬥式突發攻勢，左拳虛晃中出右拳直擊我頭面空位；我速撤步右閃，以右玄虛式將敵右拳引進落空，同時以左手採按，右手上托控制敵攻勢手，隨即抖折敵右腕、肘，使敵喪失攻防能力；目視敵攻防手。（圖 4-13）

圖 4-14

②若敵右臂及時屈肘抗衡我抖挫力用力回掙，隨勢出左拳攻擊我頭面空位；我身勢右閃前移，避開敵拳擊路線，同時左手五指扣緊敵右腕用力下按，右手鬆開敵右肘右上起，經面前封按扣抓敵左臂，兩手隨即用力扣抓住敵腕關節及脈穴，迫使敵護痛而力散；目視敵左臂。（圖 4-14）

③我乘敵兩腕、臂被控制而護痛失調之際，雙手迅速用力下按敵兩臂，左手隨勢按推開敵右臂前上起，於右手

圖 4-15

圖 4-16

小指外側扣指換抓住敵左腕用力向下按壓，右手鬆開敵左腕變拳蓄勢待發；目視敵中、上盤。（圖 4-15）

④不容敵換勢反擊，我左手五指扣緊敵左腕用力下按，同時身勢左轉前移，右拳乘勢上挑，向前上方猛力反臂崩打敵面門要位，右腳勾套敵前鋒腳，以右開弓式助增發力，致使敵在我下勾扺、上崩打之合力作用下，面門受重創而仰跌；目視敵面。（圖 4-16）

【要點】

設空引敵攻勢手落空與採托敵腕肘要協調連貫，採托抖挫敵腕、肘運勁發力要剛脆，意、氣、力運集於兩手掌及十指。

身勢移閃與封按擒腕、開弓崩捶要上下協調，連貫迅速，要充分利用身、步移轉之勢抖腰振臂發力，兩手封按換手擒腕要協調，封按運勁發力要深沉，崩打運勁發力要剛猛，意、氣、力運集於兩手十指及右拳背。敵若不服，我則繼續以擒腕挑崩捶左式技法連擊敵頭面要位，直至敵喪失反抗能力。

圖 4-17

圖 4-18

三、車輪掄劈捶

圖 4-19

①由站立式起。左腳撤步閃身成右玄虛式；同時，兩手左上起前下採，右前伸仰上托，於身前合力抖挫，功力運達兩手十指；目視右手。（圖 4-17）

②左腳蹬地，身勢右轉前移；同時，右手內旋翻手上挑，向右下撥抓扣指擰按，左手握拳上起，向前猛力掄劈，高約與頭平，功力運達右手五指及左拳輪；目視右手，轉視左拳。（圖 4-18）

③左拳變掌，扣指抓按向左下擰拉；同時身勢左轉；右手隨之握拳上起，向前上方猛力掄劈，高約與頭平，功力運達左手五指及右拳輪；目視左手，轉視右拳。（圖 4-19）

④左腳速向前上步，身勢左轉前移；同時，右拳變掌

圖 4-20

圖 4-21

扣指向身前抓按，左手隨上步轉身之勢變拳上起，向前上方猛力掄劈，高約與頭平，功力運達右手五指及左拳輪；目隨右手，轉視左拳。（圖 4-20）

圖 4-22

【運用】

①我與歹徒對峙中，若敵以右側身格鬥式逼近搶攻，左拳虛擊，出右拳直擊我上盤空位；我速於有備閃避中以右玄虛式左上右下開合手引敵攻勢手擊空，順隨敵拳沖勢左採右托抖挫敵右腕、肘，使敵腕、肘折傷；目視敵攻防手。（圖 4-21）

②我乘敵護痛而攻守失調之際，右手迅速內旋上挑，扣指抓捏住敵右腕、臂用力向右後擰拉，牽動敵身勢前傾；同時身勢速右轉前移，左手鬆開敵腕變拳乘勢上起，猛力掄劈敵頭面，迫使敵回招自保而無暇反擊；目視敵頭面。（圖 4-22）

圖 4-23

圖 4-24

③若敵右臂及時用力後掙，頭面仰閃避讓我掄劈拳，左臂上起托架我右臂；我左拳速變掌扣指，抓揑住敵左腕關節及脈穴用力向左下擰拉，將敵雙臂絞鎖在一起，同時右手鬆開敵右腕變拳，乘身勢左轉上起，猛力掄劈敵頭面，致使敵頭面要位受重擊而喪失攻防能力；目視敵左手，轉視敵頭面。（圖 4-23）

④若敵身勢用力後掙，右臂及時回抽上架我掄劈拳；我右拳速變掌扣指，抓住敵右腕、臂用力向身前按壓；同時左腳速上步，勾套住敵前鋒右腳踝；左手同時鬆開敵左腕上起，乘身勢右轉前移猛力劈擊敵頭面，迫使敵在我下勾套、上劈擊之合力作用下頭面受重擊失衡仰跌而敗北；目視敵右手，轉視敵頭面。（圖 4-24）

【要點】

採托抖挫折臂與左右封按手掄劈捶要協調連貫、迅猛有力。採托抖挫運勁發力要剛脆，意、氣、力運集於兩手掌及十指。左右封按手與左右掄劈捶要按劈協調，一致到位，五指要用力扣揑住敵腕關節，迫使敵護痛力散，心念

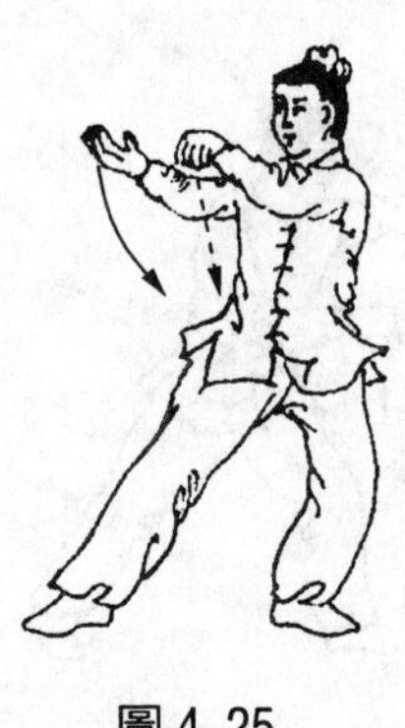
圖 4-25

圖 4-26

紊亂。左右掄劈捶要連續攻擊敵頭面空位。封按運勁發力要深沉，掄劈運勁發力要猛烈，意、氣、力運集於兩手十指轉至兩拳輪。

四、搖手甩鞭捶

①由站立式起。左腳撤步右閃身成右玄虛式；左手上起，經面前向前下採抓之同時，右手經右腰前向前上仰掌托抓，兩手於身前用力抖挫，高約與肩平，功力運達兩手十指；目視右手。（圖 4-25）

②右腳蹬地，身勢下蹲後坐成右低姿玄虛式；同時，左手五指扣抓內旋，用力向左下擰拉，右手五指摳抓外旋，用力向右下橫拉，功力運達兩手十指；目視右手。（圖 4-26）

③右腳向右後撤移步，腳前掌蹬地，身勢上起左轉；同時，左手左上起，經面前抓按於右肩前；右手同時握拳向後上掄擺，屈肘立前臂向右前橫格，拳心向後，高約與

圖 4-27

圖 4-28

目平，功力運達左手五指、右拳及前臂外側；目視左手，轉視右前臂。（圖 4-27）

④左腳蹬地，右腳速向右前上步成右開弓式，身勢隨之右轉前移；同時，左手五指扣抓，用力向左下按壓，右臂內旋前下壓，至與肩平時即向右後猛力振臂甩擊，略高於肩，功力運達左手五指及右前臂外側轉至右拳輪；目隨視右拳。（圖 4-28）

【運用】

①我與歹徒對峙中，若敵以右側身格鬥式逼近我，左手虛晃撥按我前鋒手，出右拳直擊我頭面空位；我左腳速撤步右閃身，以右玄虛式避開敵拳擊路線，在敵拳落空於身前之際，速以左手採抓住敵右腕上側，以右手托抓住敵右肘下側，兩手迅猛按托抖挫敵腕、肘，迫使敵護痛而退守；目視敵攻防手。（圖 4-29）

②我乘敵護痛失調之際，右腳蹬地，使身勢後移蹲坐成右低姿玄虛式抵住敵前鋒右腳內側；同時，左手五指扣抓住敵右腕關節用力向左下擰拉，右手五指用力摳捏住敵

圖 4-29

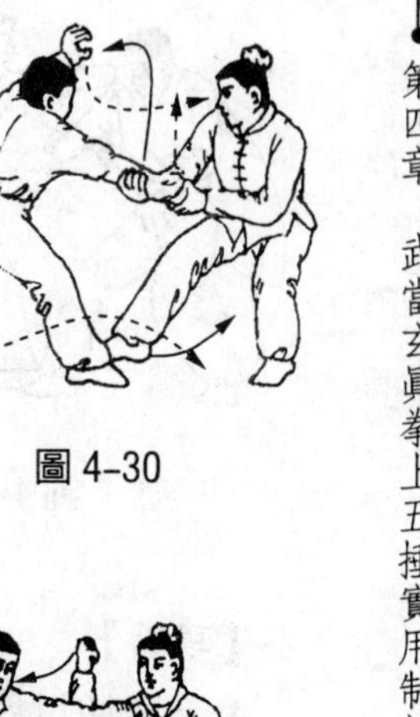
圖 4-30

右肘關節迅猛向右下擰拉，迫使敵因反關節扭掰護痛而失衡前倒；目視敵右臂。（圖 4-30）

③若敵右臂用力回掙抗衡我扭掰力，左腳上步穩住身勢，左拳隨之沖擊我頭面；我左腳速向右後撤步，身勢後移避讓敵拳鋒芒，同時左手鬆開敵右腕上起，向右封按敵左腕，右手鬆開敵右肘右上起，以前臂外側猛力橫磕敵左肘關節外側，致使敵左腕、肘折傷；目視敵左臂。（圖 4-31）

圖 4-31

④我乘敵護痛失調之際，右腳速上步套抵住敵前鋒左腿；同時左手五指用力扣抓住敵左腕向左下擰拉，右肘下壓敵左肘，乘身勢前移成右開弓式猛力甩拳鞭打敵頭面，致使敵在我合力作用下喪失反抗能力而仰跌敗北；目視敵頭面。（圖 4-32）

圖 4-32

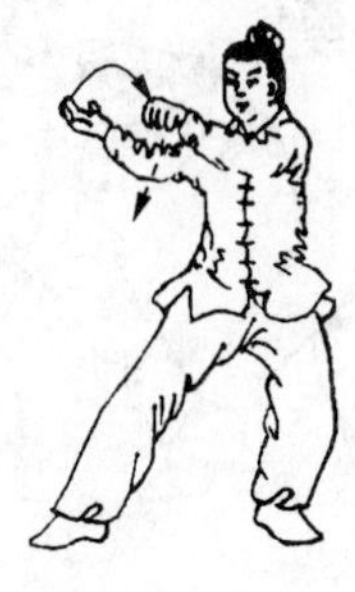
圖 4-33

【要點】

兩手採托抖挫與沉身擰拉敵腕、肘要上下協調，連貫完成。抖挫運勁發力要剛脆，擰拉運勁發力要猛烈深沉，意、氣、力運集於兩手掌及十指。搖手甩鞭捶要身、步相合，上下協調，連貫完成。

封手運勁發力要深沉，磕肘運勁發力要猛烈，意、氣、力運集左手五指及右肘臂外側。甩鞭捶要在擰壓敵左腕、肘使敵前俯低頭時再振臂抖腕甩拳擊面，要充分利用上步開弓之勢助增甩鞭捶發力。擰拉手運勁發力要深沉，甩鞭捶運勁發力要猛烈，意、氣、力運集於左手五指、右肘臂外側轉至右拳輪。

五、雙風摜耳捶

①由站立式起。左腳撤步右閃身成右玄虛式；同時，兩手左上右下成開合手，向前左採右托，至與肩高時兩手十指扣抓猛力抖挫，功力運達兩手十指；目視兩手。（圖

圖 4-34

圖 4-35

4-33）

②左腳蹬地，身勢右轉前移；同時，右手內旋翻掌，用力扣抓向右下按壓，左手用力扣指內旋擰扭，高約與肩平，功力運達兩手十指；目視右手。（圖 4-34）

圖 4-36

③身勢右轉下沉成右低姿玄虛式；同時，右手五指扣抓，繼續用力向右下擰拉；左手變掌，經面前向左下用力扣指抓按，功力運達兩手十指；目視左手。（圖 4-35）

④左腳蹬地，身勢前移上起成右開弓式；同時，兩手抓握變拳，經兩側上起內旋，向前上方猛力摜擊，兩拳眼均向下，兩拳面相對，高約同太陽穴或頭面，功力運達兩拳面；目視雙拳。（圖 4-36）

【運用】

①我與歹徒對峙中，若敵以左側身格鬥式滑步突進，

圖 4-37

圖 4-38

右手虛晃擾我視線，並出左拳直擊我上盤空位；我速撤步右閃身，以右玄虛式避讓敵拳，同時左手速上起，順敵拳沖勢採抓敵左腕上側，右手仰掌上起，托抓住敵左肘關節下側，雙手隨勢用力抖挫敵左腕、肘，迫使敵因腕、肘折傷而回招自保；目視敵攻防手。（圖 4-37）

②我乘敵護痛回掙而攻守失調之際，身勢速右轉前移；同時，右手內旋上挑，翻腕扣抓住敵左肘關節用力向右下擰按，左手五指用力扣抓住敵左腕內旋掰擰，迫使敵因反關節擰掰護痛而跟進失衡。右腳隨勢向左前勾套敵左腳踝外側，催敵側倒；目視敵兩臂。（圖 4-38）

③若敵左臂用力回掙與我抗衡，右腳及時收提讓過我勾套腳，並出右拳反擊我頭面；我身勢速右轉後坐，以右低姿玄虛式避讓敵右拳，同時右手滑抓敵左腕，左手隨之鬆開敵左腕，順敵拳沖勢向左撥抓敵右腕，兩手十指用力摳抓住敵兩腕關節向左右分拉擰按，迫使敵護痛跟進而前傾；目視敵上盤。（圖 4-39）

④我乘敵攻守失調之際，左腳蹬地，右腳快速前移勾

圖 4-39

圖 4-40

套住敵右腳踝內後側，身勢隨之前移，以右開弓式頂撞敵右膝；兩手用力向下抖甩敵雙臂後即變拳，乘身勢前移發力振臂抖腕猛力摜擊敵左右太陽穴或兩耳根，致使敵在無法防守和躲避中頭面要位被重擊而仰跌；目視敵頭面。（圖 4-40）

【要點】

兩手採托敵腕、肘要與撤步閃身相協調，採托運勁要柔順，抖挫發力要剛脆，意、氣、力運集於兩手掌及十指。擰腕纏臂運勁發力要猛烈深沉，意、氣、力運集於兩手十指。左手撥抓要與沉身右轉相協調，及時準確，雙手擰掰抖按要連貫有力，運勁發力要深沉，意、氣、力運集於兩手十指。

開弓雙摜捶要充分利用敵抽手後掙之勢發力，套腳抵腿與雙摜捶上下相合，套抵運勁發力要深沉，摜捶運勁發力要猛烈，意、氣、力運集於右腳踝、右膝蓋及兩拳面。雙手可以順勢按推敵上盤催敵後倒。

第五章
武當玄真拳十五式實用制敵術

武當玄真拳十五式實用制敵術屬於內家拳法，是道家武技中的上乘功法。道家武技不先手傷人，講究後發制人。在懲戒歹徒時，若善化不了，則設空誘敵，引敵手入扣後，即控制敵攻防手，順借敵變招之勢和攻防之力隨機施法。與歹徒接招後，即由手膚和心法意念感知敵攻防招勢勁力大小、方向及其變化，即化即打，防攻結合，直取敵關節及要害空位而將歹徒制服。

一、封手按肩式

①由併步站立式起。左腳側移約同肩寬，開步站立；兩手俯掌上提至胸前，掌指向前，功力運達兩手十指；目前平視。（圖5-1）

圖 5-1

②左腳向後撤步，身勢後移

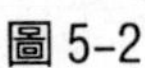
圖 5-2

圖 5-3

圖 5-4

沉坐成右玄虛式；同時，兩手由兩側弧形上起向右前封按，右手屈臂前伸，左手屈肘按於右肘內側，兩掌心相對，功力運達兩手十指；目視雙掌。（圖 5-2）

③右腳向右前滑蹬，身勢隨之下蹲成騎馬式；同時，左手內旋，用力向左下扣壓，右手五指扣抓，猛力向下按壓，功力運達兩手十指；目視右手。（圖 5-3）

④右腳蹬地，身勢左轉；同時，兩手十指扣抓，用力向左下拉拽按壓，右手隨勢抓握於左手前，功力運達兩手十指；目視雙手（圖 5-4）。隨即，右膝猛力向下跪壓，功力運達右膝蓋。

【運用】

①我與歹徒對峙中。當敵進身以左格鬥式逼近我，欲發攻勢；我開步立穩，兩手俯掌提至胸前，平心靜氣，觀敵變化，以靜制動，故意露出上盤空位誘敵搶攻，後發制人；目視敵攻防手。（圖 5-5）

圖 5-5

圖 5-6

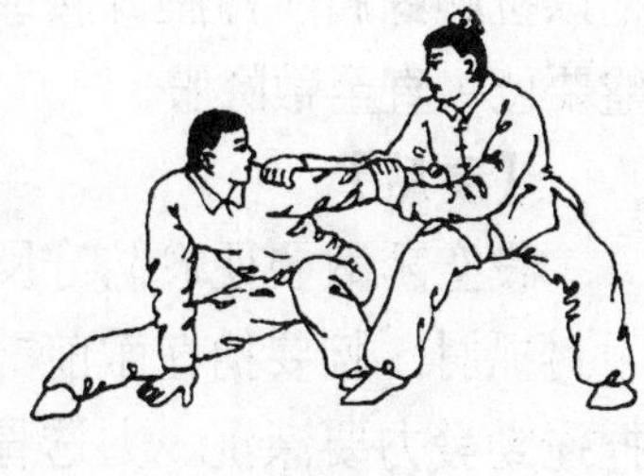
圖 5-7

②當敵滑步突進，右拳虛晃護面，以左拳直擊我上盤空位時；我即以右玄虛式避敵攻勢，使敵左拳落空於右肩前，同時兩手弧形前封，左手五指扣捏住敵左手腕，右手五指扣捏住其肘關節；目視敵肘、腕。（圖 5-6）

③我右腳迅速向前滑蹬敵鄰近腳，身勢隨之蹲沉，以騎馬式抵住敵腿；同時，左手用力屈擰折壓敵左腕背側，右手滑移至敵左肩，五指用力掐捏住敵肩井穴及腋窩猛力向前下推按，迫使敵護痛而仆身前倒；目視敵左肩。（圖 5-7）

④若敵仆腿蹲身緩解我按肩之勢，右手推地欲掙脫；我左手迅猛外旋翻擰敵腕並向左拉拽，身勢左轉助增發力，右手隨轉身之勢掐捏住敵肩部猛力向右下推按，右腳同時向右後滑蹬敵鄰近腿，迫使敵腕、臂內旋俯身，因反關節護痛而前仆倒地（圖 5-8）。

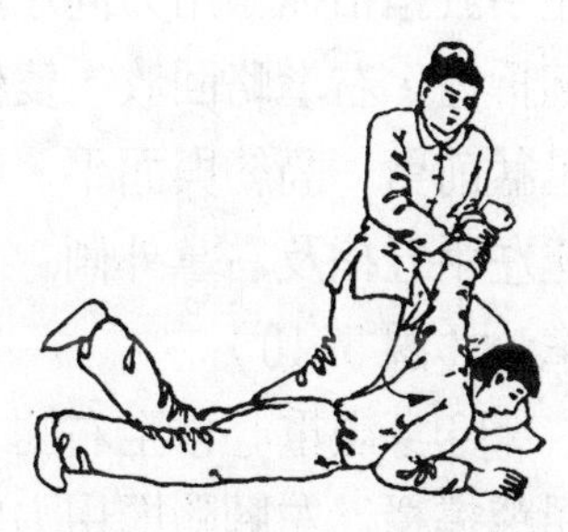
圖 5-8

敵倒地後若繼續反抗，我

則以拉腕踩肩、擰腕踩腰或按臂跪肋等技法重擊敵中、上盤要位，直至敵降服。

【要點】

設空誘敵要便於防守反擊，引進落空要身步一致。雙手封抓肘、腕要搶在敵前勢已盡，後勢未發之時，十指掐捏運勁發力要深沉，力透骨髓，意、氣、力運集於兩手十指，使對方痛極而心意紊亂。擰拉腕推按肩與轉身滑蹬要上下協調，以腰胯扭轉帶動拉腕推肩，運勁發力要猛烈深沉，迫使敵倒地。意、氣、力運集於兩手十指及右腳踝外側轉至右腳跟或右膝蓋。

二、勾蹺斬腰式

①由併步站立式起。右腳向右側移步，左腳隨之撤步成右開弓式；同時，左手上起，經面前向右封抓，右拳隨之向右上掄起，猛力前擺摜擊，高約與頭平，功力運達左手五指及右拳面；目視右拳。（圖 5-9）

②右腳撤步抵地，身勢後移沉坐成右玄虛式；同時，左手五指扣抓，用力向左肩前屈腕折拉，右拳略回收，變側立掌迅猛前劈，高約與面平，功力運達左手五指及右掌外側；目視右掌。（圖 5-10）

圖 5-9

③身體重心移至右腿，右腿屈蹲撐穩，左腳隨即用力向右前勾蹺；同時，左手用力向左上拎

圖 5-10

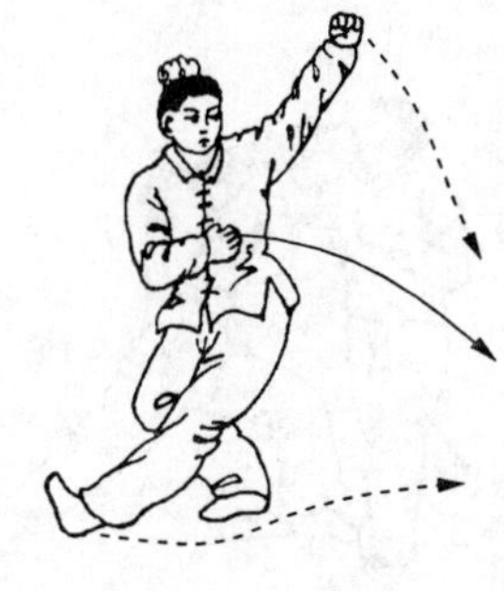

圖 5-11

拉，右掌隨之橫掌向左前迅猛斬擊，高約與腰平，功力運達左腳踝內側、左手五指及右掌外側；目視右掌。（圖 5-11）

圖 5-12

④左腳向左後撤步，身勢隨之左轉；同時，左手用力向左下拉拽，右手用力向左下推按；隨即左腿屈蹲，右膝猛力向下跪頂；右掌向前下迅猛抖腕擊推，左手同時向外擰掰，功力運達兩手十指轉至右膝蓋及右掌外側；目隨視右掌。（圖 5-12）

【運用】

①我與歹徒對峙中。若敵退守中身、步失調，我則迅速跟進，右腳向前上步，以右開弓式套抵敵前鋒腳；同時，起左手向右封抓敵手腕，右拳乘勢向右上掄擺，猛力摜擊敵頭左側太陽穴，左手乘機將敵左臂封按於右肘內側，迫敵退守。（圖 5-13）

圖 5-13

圖 5-14

②我乘敵仰頭撤步之時，左腳迅速向右腳內側併步，右腳隨即向前滑移，以右玄虛式套抵住敵鄰近腿；同時，左手五指扣捏住敵左腕關節用力向左折拉，右拳略回收變側立掌，迅猛劈擊敵面門，迫使敵繼續退守。（圖 5-14）

③我乘敵護痛而攻守失調之機，左手用力向左上拎拉其左腕，左腳隨之向右前勾蹺其支撐腿，迫使敵前傾失衡，右拳隨勢變橫掌左前擺，迅猛斬擊敵左腰肋，迫使敵失衡而仆身前倒。（圖 5-15）

④若敵欲上步穩住身勢，我左手迅猛內旋，翻擰下拉敵左腕，右手同時猛力推按其後腰，迫使敵因反關節護痛而踉進前倒。當敵前倒之勢已定時，我左腳迅速向左後撤步，身勢隨之左轉，左腿迅速屈蹲，右腿屈膝猛力跪頂敵腰部；左手扣住敵左腕猛力後掰，右掌迅猛擊推敵左肩後側，使敵肩、腰部損傷而喪失反抗能力。（圖 5-16）

【要點】

上步開弓套抵腳與封按抓手摜耳捶要上下協調，乘敵退守失調發招。封抓運勁發力要深沉，摜擊運勁發力要剛

圖 5–15

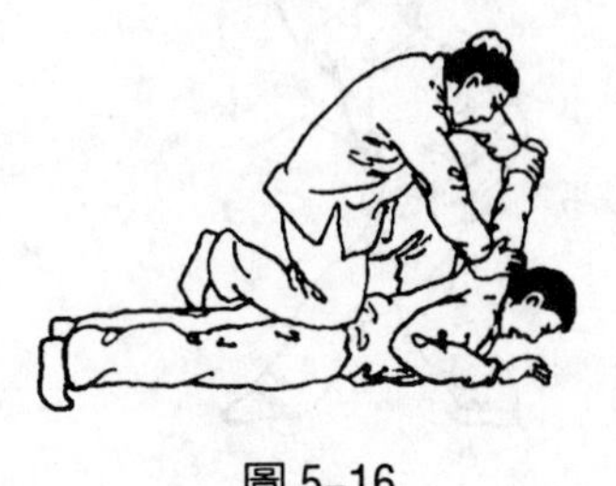
圖 5–16

猛，攻防兼備，意、氣、力運集於左手五指及右拳面。

滑進玄虛式要靈敏沉穩，右掌劈面與左手拉拽要同時到位，於滑進中爆發抖勁，運勁發力要猛烈，意、氣、力運集於左手五指及右掌外側，使敵無法躲避，頭面被連續重擊而攻守失調。

拎腕、勾腳、斬腰要上下協調，一致到位，捏腕、勾腳運勁發力要深沉，斬腰運勁發力要猛烈，意、氣、力運集於左腳踝內側、左手五指及右掌外側，迫使敵在上下合力作用下仆倒。移步轉身下蹲跪腰、掰腕推肩卸臂要連貫完成，跪腰運勁發力要猛烈，掰腕卸肩運勁發力要剛脆，要爆發抖挫勁，意、氣、力運集於兩手十指轉至右膝蓋及右掌外側。

三、打虎沉捶式

①由併步站立式起。右腳向右前上步，身勢隨之略右轉；同時，左手經面前向左上撥抓，右拳收抱於右腰側，

圖 5-17

圖 5-18

功力運達左手五指；目視左手。（圖 5-17）

②左手五指扣緊，用力外旋擰拉，同時，右手經身前向右撥按後即外旋翻腕，向左手外側仰掌托抓，功力運達兩手十指；目視雙手。（圖 5-18）

圖 5-19

③右手五指扣緊用力內旋，左手五指扣緊用力外旋，兩手合力向右上迅猛擰拉；同時，身勢右轉，左腳向前上步成側開弓式；右手繼續用力向右上擰拉之同時，左掌迅猛向前下拍按，高約與襠平，功力運達左小腿外側、右手五指及左掌心；目隨兩手，轉視左掌。（圖 5-19）

④兩腿屈蹲成騎馬式；同時，左手抓握向右肩前按壓，右手變拳，迅猛向右前下沖，高約與踝平，功力運達左手五指及右拳面；目視右拳。（圖 5-20）

圖 5-20

圖 5-21

【運用】

①我與歹徒對峙中。乘敵身、步失調之時，右腳快速進步緊逼敵身，左手乘勢抓住敵前手腕，右臂屈肘護住右腰肋。（圖 5-21）

圖 5-22

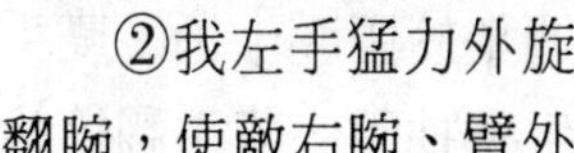

②我左手猛力外旋翻腕，使敵右腕、臂外旋；若敵此時出左拳反擊我中盤空位欲挽回敗勢，我則速以右手向右下撥按其左臂，隨即右手接抓敵右腕背側，五指用力扣捏住敵腕關節，左手同時換抓住敵右肘內側要位，控制住敵右臂。（圖 5-22）

③我不容敵換勢，右手用力內旋，左手用力外旋，迅猛翻擰其右腕並向右上拎拽，迫使敵因反關節護痛而轉身跟進。我左腳隨即上步滑蹬敵前腿，身體右旋，以右側開弓式抵住敵重心腿，右掌同時迅猛拍按敵中盤要位，使敵

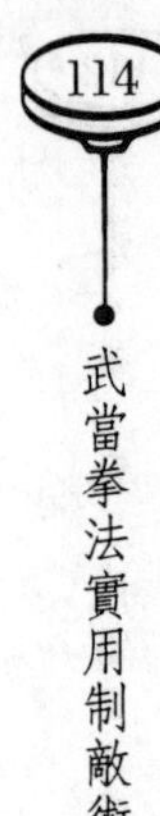

圖 5-23

圖 5-24

仰摔於地。（圖 5-23）

④我隨敵仰跌迅速下蹲前俯成騎馬式；同時，左手抓敵左腕，用力扣捏住其腕關節按於右肩前，右拳迅猛沖擊敵面門，使敵受重擊而失去攻防能力（圖 5-24）。敵若反抗，我則以左膝猛力跪頂其左肋、腹，以右膝猛力跪頂其頭面，直至敵降服。

【要點】

進步要迅速突然，跟進同時撥抓敵前手要準確，左手外旋運勁發力要深沉，意、氣、力運集於兩手十指。雙手換抓敵腕、肘要快速連續，不讓其手臂抽脫，雙手翻擰拎拽敵右臂的同時要以大力抓捏指扣掐住敵腕肘關節，運勁發力要猛烈深沉，意、氣、力運集於兩手十指，使敵痛極難忍而不得不轉身跟進。

開弓蹬扺與拍按手要協調到位，翻擰拎拽、滑蹬拍按運勁發力要猛烈深沉，意、氣、力運集於左小腿外側、右手五指及左掌心，迫使敵翻身仰跌。

按手運勁發力要深沉，沖拳運勁發力要猛烈，意、氣、力運集於左手五指及右拳面。

四、疊肘劈面式

①由併步站立式起。左腳向後撤步，身勢左轉沉坐成右玄虛式；同時，右手仰掌向胸前托抓，左手上起，經面前向前下封抓，兩手心相對，功力運達兩手十指；目視雙手。（圖 5-25）

②兩手十指用力扣捏，左手外旋，右手內旋，兩手合力翻擰，右肘向左前迅猛磕壓；同時，右腳向右後滑蹬成騎馬式，功力運達兩手十指、右肘臂外側及右腳踝外側；目視右肘。（圖 5-26）

③騎馬式不變；左手繼續用力擰拉，右手同時變拳，猛力前甩劈擊，高約與肩平，功力運達左手五指及右拳輪；目視右拳。（圖 5-27）

④身勢左轉，右腳用力向右後滑蹬；同時，左手繼續用力向左後擰拉，右拳變爪，用力向前抓捏推按；右膝隨即猛力向前下跪砸，功力運達

圖 5-25

圖 5-26

圖 5-27

兩手十指及右膝蓋；目視右手（圖 5-28）。

圖 5-28

【運用】

①我與歹徒對峙中。若敵搶攻，左腳突進逼近我身，同時沖左拳攻擊我中盤空位，右拳屈肘護住中、上盤；我速撤左腳，以右玄虛式避敵攻勢鋒芒，使敵拳落空於胸腹前；同時，右手由右下仰掌上托，抓住敵左腕外側，左手同時向前下封按，抓住敵左腕內側，控制住敵左臂；目視敵左手。（圖 5-29）

②我兩手十指用力扣揑住敵腕關節及脈穴，左手猛力外旋，右手猛力內旋，合力翻擰敵左腕，迫使敵護痛而俯身；右腳乘勢滑蹬成騎馬式抵住敵腿，右肘屈疊迅猛磕壓敵左肘、臂外側，致使敵肘、腕折傷而仆身前倒；目視敵左肘。（圖 5-30）

③若敵俯身以右手扶地，欲解脫左腕、臂；我則騎馬式不變，左手繼續用力拉住敵左腕，右拳乘機迅猛劈擊敵

圖 5-29

圖 5-30

圖 5-31

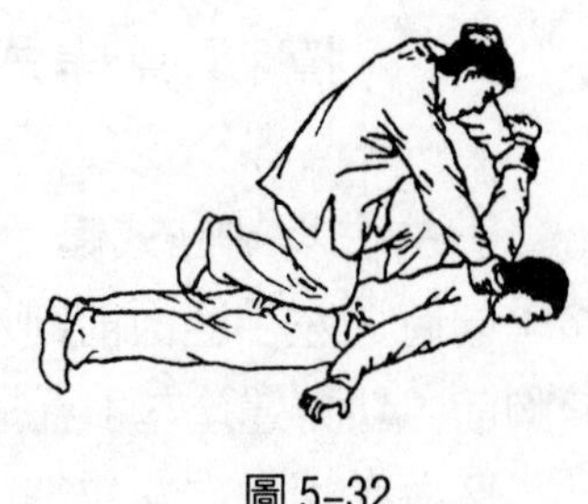
圖 5-32

頭面；目視敵頭面。（圖 5-31）

④我乘敵護痛而攻防失調之時，左手繼續用力向左下擰拉敵左腕，右腳向右後滑蹬敵前腿，身勢隨之左轉；右拳同時變爪抓捏住敵頸後側，猛力向右前推按，迫使敵護痛而仆身前倒。我隨敵仆倒之勢，右膝提起猛力向下跪砸敵腰椎或腎俞穴，左手繼續擰按住敵左腕，右手用力掐捏住敵後頸關節，致使敵腰椎錯斷、內臟及頸部受重創而喪失反抗能力；目視敵頸。（圖 5-32）

【要點】

撤步閃身要靈敏，兩手托抓封按敵腕要準確，運勁發力要深沉，意、氣、力運集於兩手十指。兩臂翻擰疊壓敵肘、臂要協調到位，運勁發力要猛烈，意、氣、力運集於兩手十指、右肘臂外側及右腳踝外側。

擰拉腕與沖面、轉身滑蹬與拉腕掐頸要上下協調，運勁發力要猛烈深沉，意、氣、力運集於左手五指及右拳輪。蹲身跪砸膝、擰腕掐頸手要連續完成，運勁發力要猛烈深沉，意、氣、力運集於兩手十指及右膝蓋，致使敵喪失反抗能力而降服。

五、撩襠肩摔式

①由併步站立式起。左腳向後撤步，身勢略左轉後移；同時，左手經面前向左撥抓，五指扣緊，右臂屈肘收於胸前，功力運達左手五指；目視左手。（圖 5-33）

②左手用力向左拉拽，左腳隨之向左前上步，身勢隨即左轉；同時，右手向右後猛力撩打，高約與襠平，功力運達左手五指及右掌；目右後視。（圖 5-34）

③上身迅速前俯，臀部隨之後頂上拱；同時，左手用力向前下拉拽，右手猛力抓捏上提經右肩前甩，功力運達臀部及兩手十指；左腳可以隨甩勢向前上步穩住身勢；目前下視。（圖 5-35）

④左腿屈蹲，右膝猛力向前下跪

圖 5-33

圖 5-34

圖 5-35

壓；同時，兩手十指迅猛向前下插點掐捏，功力運達右膝蓋及兩手十指；目視雙手（圖5-36）。

圖 5-36

【運用】

①我與歹徒對峙中。若敵搶攻，突進右腳逼近我身，左臂護住胸面，出右拳直擊我上盤空位；我左腳撤步避敵攻勢手，乘敵拳落空於我面前之際，速起左手撥抓住敵右腕，五指用力扣捏住敵腕關節及脈穴，右臂屈肘收護於胸前；目視敵上盤。（圖 5-37）

②我左手順敵拳沖勢用力拉拽；右腳同時向左上步，身體左轉貼近敵身，將敵右肘、臂扛於右肩之上，右手同時向右後撩擊抓捏敵襠部，使敵襠部受傷而護痛失調；目視敵上盤。（圖 5-38）

③我乘敵護痛之際，上身快速前俯，同時左手猛力向前下拉拽敵右腕，右手向後上抓提敵襠部，臀部同時向上拱敵腹部，將敵於背後扛起甩摔至身前；目視敵中、上

圖 5-37

圖 5-38

圖 5-39

圖 5-40

盤。（圖 5-39）

④我乘敵被摔，迅速蹲身跪步或跪壓敵中盤要位，雙掌同時猛力插擊敵面門或咽喉，隨即掐捏住敵喉頸，致使敵呼吸受阻、腦供血不全而昏暈、窒息；目視敵頭頸。（圖 5-40）

【要點】

撤步閃身、抓腕扣捏運勁發力要深沉，意、氣、力運集於左手五指。上步轉身、拉腕撩襠要協調一致，運勁發力要充沛迅猛，意、氣、力運集於左手五指及右掌，使敵護痛躬腰而伏於我後身之上。俯身拱臀、拉腕抓提襠要協調到位，運勁發力要猛烈深沉，意、氣、力運集於臀部及兩手十指。雙掌要乘蹲身之勢下插掐捏，運勁發力要迅猛深沉，意、氣、力運集於右膝蓋及兩手十指，直至敵失去反抗能力。

六、仆腿摘瓜式

①由併步站立式起。左腳向後撤步，身勢右閃後移沉坐成右玄虛式；同時，右手上起向身前托抓，左手同時上起，經面前向前下封抓，兩手心相對，功力運達兩手十指；目視雙手。（圖 5-41）

②雙手用力向左上擰拉；隨即右腳迅速向右前滑蹬成右開弓式；同時，左手繼續用力向左擰拉，右肘屈疊向右前猛力頂擊，高約與胸平，功力運達兩手十指及右肘尖；目視右肘。（圖 5-42）

③右開弓式不變；右手外旋，向前仰掌托抓，左手同時變掌向前抓按，兩手心相對，高約與肩平，功力運達兩手十指；目視兩手。（圖 5-43）

圖 5-41

圖 5-42

圖 5-43

④右腿蹬伸，左腿屈蹲，身勢左轉下沉成右仆腿式；同時，左手外旋，右手內旋，猛力向左下翻擰，功力運達兩手十指；目隨視雙手。（圖 5-44）

圖 5-44

【運用】

①我與歹徒對峙中。若敵搶攻，左腳突然進步緊逼我身，右臂護住上盤，出左拳直擊我中盤空位；我左腳迅速撤步，身勢右閃，以右玄虛式避開敵攻勢手，使敵拳落空於胸前。同時，速起右手，上托抓住敵左腕內側，左手封按抓住敵左腕背側；目視敵左拳。（圖 5-45）

②我雙手用力將敵左手拎起；右腳向右後滑蹬，以右開弓式逼近敵身，右肘同時屈疊，猛力頂擊敵胸、肋要位，迫使敵護痛而弓腰俯身；目視敵中、上盤。（圖 5-46）

③我乘敵俯身護痛而失調之機，速起右手托抓住敵面門，五指用力掐捏住敵喉結及下頜；左手同時按抓住敵後

圖 5-45

圖 5-46

圖 5-47　圖 5-48

腦，五指用力掐捏住敵耳根，使敵痛極難忍而攻守失調；目視敵頭。（圖 5-47）

④我雙手用力掐捏住敵頭，隨即左手外旋，右手內旋，猛力翻擰敵頭，迫使敵因反關節護痛而左轉翻身。我迅速移步沉身成右仆腿式；雙手隨勢向左下猛力擰拉敵頭，迫使敵護痛失衡仰摔於地。我隨敵仰倒肘頂敵心窩，膝跪敵腰、肋，制敵胸肋骨斷折，內臟受重創，喪失反抗能力而降服；目視敵中盤。（圖 5-48）

【要點】

撤步閃身托抓手要上下協調，托抓封按要準確，運勁發力要深沉，意、氣、力運集於兩手十指。滑蹬開弓拎腕頂胸要一致到位，拎腕發力要深沉，頂胸發力要剛猛，意、氣、力運集於兩手十指及右肘尖。

雙手托按抓捏敵頭要乘敵護痛俯身之機出手，撤身仆腿翻擰拉拽敵頭要上下協調，運勁發力要猛烈深沉，意、氣、力運集於兩手十指，迫使敵在螺旋力作用下翻轉仰摔於地。

砸肘頂胸、跪膝頂肋運勁發力要剛猛，意、氣、力運集於兩手、右肘尖及右膝蓋。

七、玄虛壓肘式

①由併步站立式起。左腳向後撤步，身勢右閃後坐成右玄虛式；同時，左手上起，經面前內旋向右肩前採抓，右手前伸外旋，仰掌向右前托起，兩手採托中發勁上下抖挫，高約與肩平，功力運達兩手十指；目隨視雙手。（圖5-49）

②右腳內扣，蹬腿轉髖助增發力；右手隨勢握拳，向上後擺於右肩之上，使右肘外側迅猛發勁向前上挑擊，左手五指用力抓緊，功力運達右肘外側、左手五指及右腳底；目視右肘。（圖5-50）

③身勢略下沉；同時，左手外旋，用力向身前擰拉，右臂屈肘，以前臂外側為力點向身前用力下壓，功力運達左手五指及右前臂外側；目視右臂。（圖5-51）

圖 5-49

圖 5-50

圖 5-51

④身勢繼續下沉前俯成右低姿玄虛式；同時，左手繼續用力向左下擰拉，右臂用力向左下滾壓，功力運達左手五指及右前臂外背側；目視右臂。（圖5-52）

圖5-52

【運用】

①我與歹徒對峙中。若敵以左側身格鬥式滑步逼近我身，右拳虛晃，突出左拳直擊我頭面空位；我左腳速向後撤步，身勢右閃後坐，以右玄虛式避開敵拳擊路線，使敵拳擊空落於我面前，同時左手速上起護面，順敵拳沖勢採按敵左腕上側，右手前伸，仰掌上托敵左肘關節下側，控制住敵攻勢手；目視敵攻防手。（圖5-53）

②我採托住敵左腕、肘後，雙手即合力抖挫折傷敵左腕、肘，兩手十指用力抓捏住敵腕、肘關節及要害穴位，迫使敵護痛而力散。隨即右腳內扣蹬腿，轉髖發力，左手向下採按敵左腕之同時，右臂屈疊，以右臂外側猛力向前上挑擊敵左肘關節外下側，使敵腕、肘折傷；目視敵左臂。（圖5-54）

圖5-53

圖5-54

圖 5–55

圖 5–56

③我乘敵護痛而攻守失調之際，左手猛力外旋，向腹前擰拉敵左腕，右肘同時用力向身前下壓敵左肘關節外側，身勢下沉助增擰壓發力，致敵左腕、臂內旋，反關節擰轉挫壓而斷折，迫使敵護痛而前傾跟進；目視敵左臂。（圖 5–55）

④我不容敵變勢解脫，身勢繼續下沉前俯，以右低姿玄虛式抵住敵前鋒左腿內側，同時，左手五指扣緊敵左腕關節，繼續向左下用力擰拉，右肘用力向左下滾壓敵左肘關節外側，迫使敵護痛而失衡扶地；目視敵左臂（圖 5–56）。我身勢繼續左轉下沉，兩手繼續擰拉下壓，即能致敵左腕、肘傷折仆倒而降服。

【要點】

採托抖挫與擰拉腕挑壓肘要協調連貫，一氣呵成，採托抖挫腕肘時運勁發力要柔順轉剛脆，意、氣、力運集於兩手十指。拉腕挑肘時要充分利用蹬腿抖腰助增發力，運勁要充沛，發力要猛烈，意、氣、力運集於左手五指及右臂外側。擰拉腕滾壓肘時運勁要飽滿，發力要猛烈深沉，意、氣、力運集於左手五指及右臂外側。左腿屈蹲要沉穩，右腳滑蹬抵地要有力，與擰腕壓肘協調一致。

圖 5-57

八、金龍合口式

①由併步站立式起。左腳向後撤步，身勢右閃後坐成右玄虛式；同時，左手上起，經面前內旋向右肩前採抓，右手前伸外旋，仰掌向右前托起，兩手採托中發勁上下抖挫，高約與肩平，功力運達兩手十指；目隨視雙手。（圖 5-57）

②左腳蹬地，身勢前移右轉；同時，左手用力外旋，向左腰側擰拉，右臂屈肘內旋，經身前右撥，功力運達左手五指及右臂外側；目視右臂。（圖 5-58）

③左腳蹬地，右腳向右前滑移，成右開弓式；同時，右手用力右下攬，再上托與左手合扣按緊，兩手左上右下，手心相對，功力運達兩掌心及十指；目視兩手。（圖 5-59）

圖 5-58

圖 5-59

④右腳蹬地發力使身勢左轉、左移、下蹲成右仆腿式；同時，兩手左外旋、右內旋合力扣緊，乘身腰左轉抖擰之勢猛力向左下擰帶，功力運達兩手心及十指；目隨視兩手。（圖 5-60）

圖 5-60

【運用】

①我與歹徒對峙中。若敵以右側身格鬥式逼近我，左拳虛晃，出右拳直擊我上盤空位；我左腳速後撤步，身勢後移右閃，以右玄虛式避開敵拳鋒芒，使敵拳擊空落於身前，同時，左手上起，順敵拳沖勢向左下採按敵右腕，右手前上起，托抓住敵右肘關節外側；目視敵攻防手。（圖 5-61）

②若敵在右臂回掙中出左拳攻擊我頭面空位，欲解脫被採抓之右臂；我則隨敵掙勢右轉前移，左手隨勢用力外旋下擰敵左腕，右手同時鬆開敵左肘，迅速屈肘立前臂外撥敵左肘臂，使敵左拳擊偏落空；目視敵左臂。（圖 5-62）

圖 5-61

圖 5-62

圖 5-63

圖 5-64

③我隨敵掙勢，右腳速向敵前鋒右腿外側滑進，以右開弓式抵住敵腿；同時，右手外旋，用力向右下攬壓敵左臂，隨之仰掌上起，與左手合力扣抓住敵右手腕關節；目先視敵左臂，轉視敵右腕。（圖 5-63）

④我兩手十指用力扣捏住敵右腕關節，使敵護痛而力散，右腳迅速內扣蹬地發力，身勢左轉左移下沉成右仆腿式；同時，兩手左外旋、右內旋，隨左轉下沉之勢猛力向左下擰帶敵右腕，將敵腕關節扭傷，迫使敵右腕外旋，因反關節護痛而翻身仰倒；目視敵中上盤（圖 5-64）。

若敵反抗，我即以右膝跪頂敵胸、腹或以右手掐卡敵脖頸，直至敵降服。

【要點】

兩手採托敵右腕肘要及時準確，採托中抖挫敵腕、肘，運勁發力要剛脆，意、氣、力運集於兩手十指。右手攬壓運勁發力要深沉，意、氣、力運集於右臂外側。

金龍合口擰腕時要充分利用轉體沉身和身腰抖轉之勢發力，雙手旋擰運勁發力要猛烈深沉，意、氣、力運集於兩手十指。

九、金線釣娥式

①由併步站立式起。左腳向後撤步，身勢右閃後坐成右玄虛式；同時，左手上起，經面前內旋向右肩前採抓，右手前伸外旋，仰掌向右前托起，兩手採托中發勁上下抖挫，高約與肩平，功力運達兩手十指；目隨視雙手。（圖5-65）

②左腳蹬地，右腳速向前滑進成右開弓式；同時，右手五指抓緊用力向下回拉，左手變成二指，迅猛向前插點，高約與目平，功力運達右手五指及左二指尖；目視左二指。（圖 5-66）

③右腳蹬地回收成右玄虛式；同時，左二指收落，右手變成仰二指，用力向右屈臂外撥，手心向上，略高於肩，功力運達右二指及前臂內側；目視右指。（圖 5-67）

④左腳蹬地，右腳速向前滑進成右

圖 5-65

圖 5-66

圖 5-67

開弓式；同時，左手挑掌外攬翻抓下按，右二指同時內旋成俯二指，迅猛向前插點，高約與目平，功力運達左手五指及右二指尖；目視右指。（圖 5-68）

圖 5-68

【運用】

①我與歹徒對峙中。若敵以左側身格鬥式滑步逼近我身，右拳虛晃，突然出左拳直擊我頭面空位；我左腳速向後撤步，身勢右閃後坐，以右玄虛式避開敵拳擊路線，使敵拳擊空落於我面前；同時，左手速上起護面，順敵拳沖勢採按敵左腕上側，右手同時前伸，仰掌上托敵左肘關節下側，控制住敵攻勢手；目視敵攻防手。（圖 5-69）

②我身勢速右轉前移，右腳隨之滑進，以右開弓式撞頂敵左膝關節外側，使敵下盤不穩而攻守失調；同時，右手五指用力抓捏住敵左肘關節向下拉拽，左手協力下按敵左腕後，即變俯二指，乘進身開弓之勢迅猛插點敵二目，致敵頭眼昏花，因護痛縮身而回招自保；目視敵面。（圖 5-70）

圖 5-69

圖 5-70

圖 5-71

圖 5-72

③若敵及時縮身收勢躲避我插目指，並起右手封撥我左臂向下按壓，隨即左腳滑進，以馬步逼近我身，身勢右轉中左拳振臂攻擊我頭面；我則身勢速後撤右閃，以右玄虛式避開敵攻勢手，同時，右手變成仰二指，順敵拳沖勢屈肘外撥敵左臂，使敵左拳攻擊路線偏離我身而擊空；目視敵攻防手。（圖 5-71）

④我乘敵攻勢已盡、收招換式之際，左二指速變八字掌，迅猛上挑敵手，隨即翻轉扣抓住敵右腕，五指用力抓捏住敵右腕關節及脈穴向下按壓，迫使敵護痛而力散，身勢隨之右轉前移，左腳蹬地，使右腳向前滑進，右膝前屈，順勢撞擊敵左膝關節外側成右開弓式；同時，右臂內旋，以肘外側彈撞開敵左臂，右二指乘內旋之勢成俯二指，迅猛插點敵二目，致使敵無法回手自救、面目被擊而仰身後倒，失去反抗能力；目視敵面。（圖 5-72）

【要點】

兩手採托抖挫敵臂要及時準確，運勁要柔順，抖挫發力要剛脆，意、氣、力運集於兩手十指。右手五指摳抓拉肘運勁發力要深沉，左二指要乘前移開弓之勢插點雙眼，運勁發力要迅猛，意、氣、力運集於右手五指及左二指尖。右二指要乘撤身玄虛式收臂外撥，運勁發力要深沉，意、氣、力運集於右二指及前臂內側。右腿開弓撞膝、右指內旋彈臂插指和左手挑掌翻抓要上下協調，一致到位，開弓與抓腕運勁發力要深沉，彈臂旋腕插指運勁發力要迅猛，意、氣、力運集於右膝蓋、左手及右二指尖。

十、懸雞獨立式

①由併步站立式起。左腳向後撤步，身勢右閃後坐成右玄虛式；同時，左手上起，經面前內旋向右肩前採抓，右手前伸外旋，仰掌向右前托起，兩手採托中發勁上下抖挫，高約與肩平，功力運達兩手十指；目隨視雙手。（圖5-73）

②左腳蹬地，身勢前移；同時，左手用力外旋向左下擰拉，右臂屈肘反立前臂，以肘、臂背側為力點猛力向左格擋，上身前探左轉助增格擋發力，肘尖略高於肩，功力運達左手五指及右肘、臂背側；目視右臂。（圖5-74）

圖5-73

圖5-74

圖 5-75

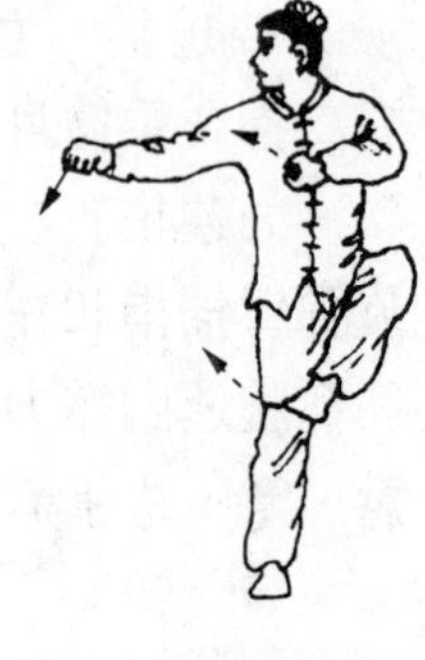
圖 5-76

③右腿直立撐穩，左腳尖回勾，左腿屈膝於身前提起；同時，左手五指摳緊握於身前，右臂屈肘立前臂，以肘關節為軸上起，經面前弧形右格，高約與目平，功力運達左小腿前側、左手五指及右前臂外背側；目視右臂。（圖 5-75）

④右腿撐穩，左腳尖用力向上勾翹；同時，左手五指摳緊用力向左拉拽，右拳格擺過中線後即變俯拳猛力抖腕前擊，高約與肩平，功力運達左腳尖、左手五指及右拳面；目視右拳。（圖 5-76）

【運用】

①我與歹徒對峙中。若敵以右側身格鬥式逼近我，左拳虛晃，出右拳直擊我上盤空位；我左腳速後撤步，身勢後移右閃，以右玄虛式避開敵拳鋒芒，使敵拳擊空落於身前；同時，左手上起，順敵拳沖勢向左下採按敵右腕，右手前上起托抓住敵右肘關節外側；目視敵攻防手。（圖 5-77）

②如果敵右臂用力向後下沉掙，出左拳攻擊我上盤，

圖 5-77

圖 5-78

欲挽回敗勢；我左腳蹬地發力，身勢速右閃前移，同時右手鬆開敵右肘，屈肘反立前臂，向左前用力格擋敵左臂外側，左手五指摳捏緊敵右腕關節，用力向身前拉拽，控制敵攻防手；目視敵左臂。（圖 5-78）

圖 5-79

③若敵左傾身，出右腳邊踢我襠、腹要位；我以右前臂用力順時針外攬敵左臂，同時重心前移至右腿，迅速屈提左腿，以小腿前側格擋住敵攻勢腿，左腳尖回勾住敵腳踝，將敵左拳、右腿均格擋於身體外側，左手五指繼續用力摳抓住敵右腕關節，使敵不能脫離被擊距離；目視敵上盤。（圖 5-79）

④我不給敵抽身換式之機，左腳繼續用力向上勾翹住敵右腳踝或小腿，左手繼續摳抓住敵右腕用力向左拉拽，同時右腿獨立撐穩，右臂在將敵攻勢手攬格至外側後，即

迅猛內旋，振臂抖擊敵頭面要位，上、中、下三力協同作用，制敵仰跌而降服；目視敵頭面。（圖 5-80）

圖 5-80

【要點】

兩手左採右托抖挫折臂要一致到位，運勁發力要剛脆，意、氣、力運集於兩手十指。右臂反臂裏格時要充分利用身腰抖轉，肩肘抖振之勢發力，運勁要充沛，發力要猛烈，意、氣、力運集於左手五指及右臂背側。

左腳屈提勾翹、左手摳指擰拉和右拳臂攬格前擊要上下協調，連貫有力。提膝勾腳與左手擰拉運勁發力要深沉，右臂攬格運勁要飽滿，發力要深沉，右拳抖擊運勁發力要迅猛，意、氣、力運集於左小腿前側、左腳尖背側、左手五指、右前臂外背側轉至右拳面。懸雞獨立式要右腿撐穩，左膝高提。

十一、開弓打虎式

①由併步站立式起。左腳向後撤步，身勢右閃後坐成右玄虛式；同時，左手上起，經面前內旋向右肩前採抓，右手前伸外旋，仰掌向右前托起，兩手採托中發勁上下抖挫，高約與肩平，功力運達兩手十指；目隨視

圖 5-81

雙手。（圖 5-81）

②左腳蹬地，身勢前移上起；同時，右手五指用力摳抓，隨身勢前移上起，迅猛向上抖托，左手用力向下抖按，功力運達兩手十指；目視右手。（圖 5-82）

③右腳內扣蹬地，身勢左移下沉；同時，左手五指摳緊外旋，猛力向左下擰拉，右手五指掐捏內旋翻腕，猛力向左下擰按，功力運達兩手十指及右腳踝；目隨右手。（圖 5-83）

④右腳迅速向右後滑蹬，身勢左轉成左橫襠開弓式；同時，左手五指摳緊用力向左上方拉拽，右手向後上掄擺抓握，經右上向下猛力栽擊於右大腿前，拳面向下，功力運達左手五指及右拳面；目視右拳。（圖 5-84）

圖 5-82

【運用】

①我與歹徒對峙中。若敵以左側身格鬥式滑步逼近我身，右拳虛晃，突然出左拳直擊我頭面空位；我左腳速向後撤步，身勢右閃後坐，以右玄虛式避開

圖 5-83

圖 5-84

圖 5-85

圖 5-86

敵拳擊路線，使敵拳擊空落於我面前；同時，左手速上起護面，順敵拳沖勢採按敵左腕上側，右手前伸，仰掌上托敵左肘關節下側，控制住敵攻勢手；目視敵攻防手。（圖 5-85）

圖 5-87

②我乘敵後掙之勢，左腳速蹬地，身勢前移上起；同時，右手五指用力掐捏住敵肘關節，順敵掙勢猛力向上抖托，左手摳抓緊敵左腕用力向下抖按，以反向托按抖挫力致敵左肘、腕折傷而喪失攻守能力；目視敵攻防手臂。（圖 5-86）

③我乘敵失去攻防能力或用力下掙抗衡之機，右腳速內扣蹬地，身勢左移下沉助增發力；左手乘勢五指摳抓緊敵左腕關節，猛力外旋向左下擰拉，右手五指掐捏住敵左肘關節，猛力內旋向左下擰按，迫使敵左臂內旋，因反關節擰拉護痛而俯身跟進；目視敵左臂。（圖 5-87）

④我不容敵變式解脫，右腳速向右後滑蹬敵前鋒左腿內側，以左橫襠開弓式穩住身勢；同時，左手五指摳抓緊敵左腕關節，繼續用力向左上擰拉，右手在牽動敵重心前傾後，即鬆開敵左肘，向右後上掄握拳，隨身腰左轉沉抖之勢猛力振臂栽擊敵腰椎或後背要穴，致使敵前傾仆倒、臂腰折傷而降服；目視敵腰背。（圖 5-88）

圖 5-88

【要點】

兩手採托抖挫要充分利用身體移升之勢抖臂發力，運勁要充沛，發力要剛脆，意、氣、力運集於兩手十指。兩手旋擰按壓腕肘要充分利用蹬腿沉身轉腰之勢發力，運勁要飽滿，發力要猛烈深沉，與敵下掙之勢相合為佳，意、氣、力運集於兩手十指及右腳踝。

滑蹬開弓式、左手拉拽與右拳掄臂栽擊要上下協調，一致到位，右腳滑蹬與左手拉拽運勁發力要深沉，右拳掄擺運勁要柔順飽滿，發力要猛烈深沉，意、氣、力運集於右腳踝外側、左手五指及右拳面。打虎式要步型沉穩，功架端正。

十二、勾蹺破肘式

①由併步站立式起。左腳向後撤步，身勢右閃後坐成右玄虛式；同時，左手上起，經面前內旋向右肩前採抓，

圖 5-89

圖 5-90

圖 5-91

右手前伸外旋，仰掌向右前托起，兩手採托中發勁上下抖挫，高約與肩平，功力運達兩手十指；目隨視雙手（圖 5-89）

圖 5-92

②左腳蹬地，身勢隨之前移上起；同時，右手右前擺，屈肘立前臂，猛力向右上挎肘，肘略高於肩；左手五指摳抓用力向下抖按，功力運達左手五指及右臂內側；目視右臂。（圖 5-90）

③右腳蹬地，身勢速後移下坐成右玄虛式；同時，右手屈肘，向頭右側方勾扣，左手變掌下落，經右腋肋內旋向右前方反掌推出，拇指向下，功力運達右手五指及左掌心；目視左掌。（圖 5-91）

④左腿下沉撐穩，右腳內扣向左前勾蹺；同時，左手五指用力掐捏向前推撐，右拳握緊向右下、向後掄臂猛力擺砸，拳輪向後，略低於肩，功力運達右腳踝內側、左手五指及右拳臂外側；目隨視左手，轉視右拳。（圖 5-92）

圖 5-93

圖 5-94

【運用】

①我與歹徒對峙中。若敵以右側身格鬥式逼近我，左拳虛晃，出右拳直擊我上盤空位；我左腳速後撤步，身勢後移右閃，以右玄虛式避開敵拳鋒芒，使敵拳擊空落於身前；同時，左手上起，順敵拳沖勢向左下採按敵右腕，右手前上起，托抓住敵右肘關節外側；目視敵攻防手。（圖 5-93）

②若敵右腳蹬地，身勢後掙欲解脫右臂；我左腳蹬地，身勢迅速前移上起跟進；左手五指摳抓住敵右腕關節，用力向下採按之同時，右手鬆開敵右肘向前上擺起，以右肘內側猛力向上挎截敵右肘外側，致使敵右肘、腕折傷而攻守失調；目視敵右臂。（圖 5-94）

③如果敵右臂及時內旋上屈而化解我挎截肘，同時右腳隨後掙之勢撤步，左腳隨即向我身前上步屈蹲成馬步，起左肘頂撞我胸肋要位；我右腳蹬地，使上身迅速後移下坐成右玄虛式，儘量脫離敵肘頂撞距離，同時右肘回屈，右手盡力扣抓住敵右腕，左手隨即鬆開敵右腕下落內旋，

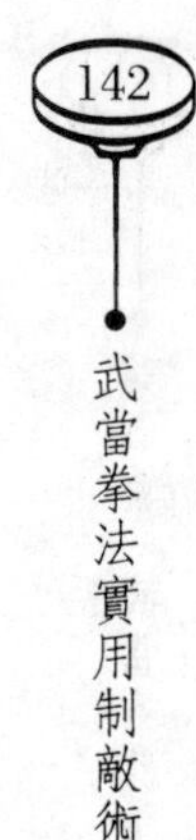

圖 5-95

圖 5-96

經右肋前反手推抓敵左肘外側，致使敵左頂肘落空；目視敵左肘。（圖 5-95）

④我左手五指迅速掐捏住敵左肘關節用力向前推撐；同時，身體重心移至左腿，右腳隨即勾蹺敵左腳踝後側；右手乘推肘勾腿之勢鬆開敵右腕變拳，猛力向右後砸擊敵頭面或上盤要位，致使敵在上、中、下三力共同作用下失衡仰跌，中、上盤要位受重創而喪失反抗能力；目視敵中、上盤。（圖 5-96）

【要點】

兩手要順隨敵拳沖勢採托敵腕、肘，運勁要柔順，抖挫發力要剛脆，意、氣、力運集於兩手十指。左手採按、右肘挎截要乘身體前移上升之勢發力，運勁發力要猛烈，意、氣、力運集於左手五指及右臂內側。

閃身玄虛式與撥肘前推要協調一致，勾腿推肘運勁發力要深沉，擺臂砸面運勁發力要猛烈，意、氣、力運集於右腳踝內側、左手五指及右臂外側。

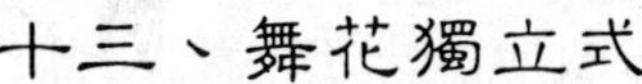

十三、舞花獨立式

①由併步站立式起。左腳向後撤步，身勢右閃後坐成右玄虛式；同時，左手上起，經面前內旋向右肩前採抓，右手前伸外旋，仰掌向右前托起，兩手採托中發勁上下抖挫，高約與肩平，功力運達兩手十指；目隨視雙手。（圖5-97）

②左腳蹬地，身勢前移右轉上起；同時，右手五指掐捏用力向上抬拉，左手五指摳抓用力向前擰推，功力運達兩手十指；目視雙手。（圖 5-98）

③右腳扣腳蹬地，身勢後移左轉，身體重心移至左腿；同時，左手五指抓緊用力外旋向左下擰拉，右手捏緊用力內旋向左下擰拉，功力運達兩手十指；目隨視雙手。（圖 5-99）

④左手五指抓緊繼續用力向左上擰拉，右手五指捏緊用力向左牽帶推按；同時，右腿屈提，右膝猛力向右前頂

圖 5-97

圖 5-98

圖 5-99

撞，左腿獨立撐穩，功力運達兩手十指轉至右臂及右膝；目隨右手，餘光視右膝。（圖 5-100）

圖 5-100

【運用】

①我與歹徒對峙中。若敵以左側身格鬥式滑步逼近我身，右拳虛晃，突然出左拳直擊我頭面空位；我左腳速向後撤步，身勢右閃後坐，以右玄虛式避開敵拳擊路線，使敵拳擊空落於我面前；同時，左手速上起護面，順敵拳沖勢採按敵左腕上側，右手前伸，仰掌上托敵左肘關節下側；控制住敵攻勢手；目視敵攻防手。（圖 5-101）

②若敵左臂及時屈肘回掙，並在身勢左轉中出右拳直擊我頭面空位，欲解脫左臂；我左腳蹬地、身勢右轉移升中，左手五指摳捏住敵左腕關節，順敵回掙之勢用力向前上擰推，右手五指同時掐捏住敵左肘關節用力向上托拉，用敵左前臂將其右臂架起，使敵右拳擊空；目視敵攻防手。（圖 5-102）

圖 5-101

圖 5-102

圖 5-103

圖 5-104

③我乘敵攻守失調之際，右腳速向前滑移，左轉沉身，以右玄虛式抵住敵左腿裏側；同時，左手五指用力摳抓住敵左腕關節，利用左轉沉身之勢猛力外旋，向左下擰拉敵左腕，右手用力掐捏住敵左肘關節，利用身勢左轉下沉發力，向左下內旋擰按敵左肘，迫使敵左腕、臂內旋擰轉，因反關節扭拉護痛而前傾失衡；目視敵左臂。（圖 5-103）

④我乘敵以右手推撐我右腿，欲維持住身勢平衡之際，左腿速蹬伸起立，左手隨勢摳抓住敵左腕關節用力向左上擰拉，右手同時掐捏住敵左肘關節用力向左上抓提，迫使敵護痛起身跟進，隨即右膝猛力頂撞敵胸、肋或腹、襠要位，右手隨右膝上頂用力壓按敵後腰、背，使敵襠、腹或胸、肋受重創、內臟損傷，喪失反抗能力而降服；目視敵中盤。（圖 5-104）

【要點】

雙手採托敵左臂，擰腕拉肘上架敵右臂，要順借敵屈肘回掙之勢發力，運勁要柔順，發力要深沉，意、氣、力運集於兩手十指。抵腿擰腕按肘要充分利用沉身抖腰左轉之勢發力，運勁要充沛，發力要猛烈深沉，意、氣、力運集於兩手十指。擰拉肘腕與頂腹按背要上下協調，運勁發力要深沉猛烈，意、氣、力運集於左手五指、右臂及右膝蓋。舞花手要隨招變換手法，獨立式要支撐穩定，頂膝過腰。

十四、騎馬頂肘式

①由併步站立式起。左腳向後撤步，身勢右閃後坐成右玄虛式；同時，左手上起，經面前內旋向右肩前採抓，右手前伸外旋，仰掌向右前托起，高約與肩平，兩手採托中發勁上下抖挫，功力運達兩手十指；目隨視雙手。（圖5-105）

②右腳速向前滑移；同時，左手五指摳抓用力向左下擰拉，上身隨之略前傾，右手變掌，以掌背迅猛向前下甩擊，掌背向外，高約與襠平，功力運達左手五指及右掌背；目視右掌。（圖 5-106）

③左腳內扣蹬地，身勢上起；同時，左手五指摳抓用

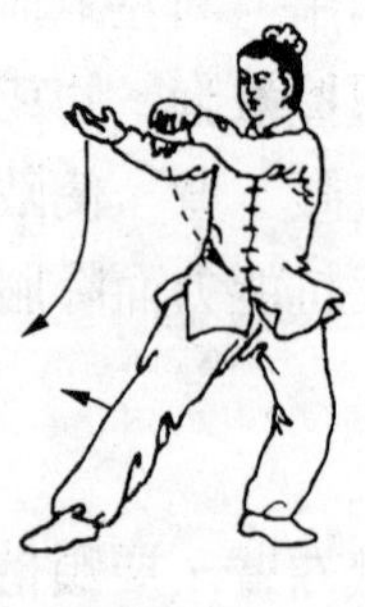

圖 5-105

圖 5-106

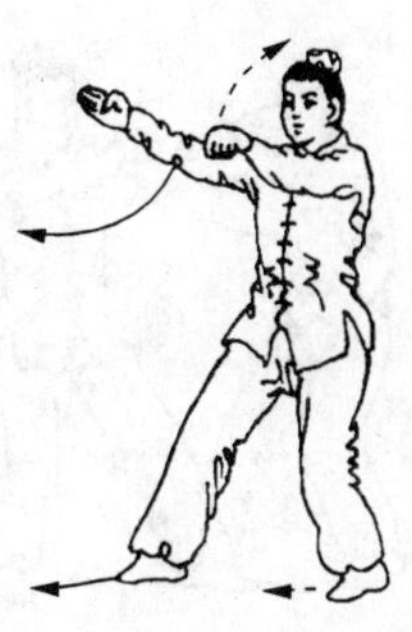
圖 5-107

圖 5-108

力向前上翻擰，右手隨勢略收，以掌背向前上迅猛抽打，掌背向外，高約與目平，功力運達左手五指及右掌背；目視右掌。（圖 5-107）

④左腳蹬地，右腳向前滑進，左腳隨之跟進，身勢左轉下蹲成騎馬式；同時，左手五指摳抓用力向左上擰拉，右手屈肘握拳，乘前移騎馬之勢迅猛向右頂擊，略低於肩，功力運達左手五指及右肘尖；目視右肘。（圖 5-108）

【運用】

①我與歹徒對峙中。若敵以左側身格鬥式滑步逼近，右拳虛晃，左拳直擊我頭面空位；我左腳速向後撤步，身勢右閃後坐，以右玄虛式避開敵拳；同時，左手速上起護面，順敵拳沖勢採按敵左腕上側，右手同時前伸，仰掌上托敵左肘關節下側，控制住敵攻勢手；目視敵攻防手。（圖 5-109）

圖 5-109

圖 5-110

圖 5-111

②我不容敵出右手解脫，左手五指即摳抓住敵左腕關節用力向左下擰拉，右手五指用力掐捏住敵左肘關節向左下拉拽，牽動敵上體前傾之後，右手即鬆開敵左肘，以掌背為力點迅猛甩擊敵襠部要位，使敵痛極難忍而攻守失調；目視敵襠部。（圖 5-110）

③若敵襠部被擊，必躬身護痛；我速扣左腳、右轉身，同時，左手五指摳抓住敵左腕用力向前上翻擰，右手同時速前上起，以掌背為力點猛力反掌抽打敵右太陽穴或右耳台，致使敵頭暈目眩而喪失反抗能力；目視敵頭面。（圖 5-111）

④我乘敵捂面護痛之機，兩腳迅速向前滑進，身勢左轉，以騎馬式逼近敵身，左手隨勢摳抓住敵左腕關節用力向左上擰拉，右臂同時屈疊，以右肘尖猛力頂撞敵心窩要位，使敵胸骨斷折、內臟受損傷而仰身後跌；目視敵心窩。（圖 5-112）

【要點】

兩手左採右托抖挫敵腕、肘運勁發力要剛脆，意、

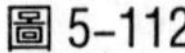
圖 5-112

圖 5-113

氣、力運集於兩手十指。擰拉腕甩擊襠要與敵手臂下掙之勢相合，擰拉運勁發力要深沉，甩擊運勁發力要迅猛，意、氣、力運集於左手五指及右掌背。左手上翻擰腕與右掌上抽擊面要上下相合，要乘敵左臂回掙之勢發力翻擰，乘敵右手捂襠護痛之機抽面，翻擰運勁發力要深沉，抽打運勁發力要迅猛，意、氣、力運集於左手五指及右掌背。進步騎馬與拉腕頂肘要上下協調，一致到位，擰拉運勁發力要深沉，頂肘運勁發力要猛烈，意、氣、力運集於左手五指及右肘尖。騎馬式要蹲平撐穩。

十五、開弓推山式

①由併步站立式起。左腳向後撤步，身勢右閃後坐成右玄虛式；同時，左手上起，經面前內旋向右肩前採抓，右手前伸外旋仰掌向右前托起，兩手採托中發勁上下抖挫，高約與肩平，功力運達兩手十指；目隨視雙手。（圖5-113）

圖 5-114

圖 5-115

②左腳蹬地，身勢隨之前移；同時，左手五指摳抓用力外旋向左下擰拉，右手五指掐捏內旋用力向左下擰按，兩手高約與腹平，功力運達兩手十指；目隨視雙手。（圖 5-114）

圖 5-116

③身勢右轉上起前移，左腿蹬伸；同時，左手五指摳抓用力向身前拉拽，右手五指成鉤爪，乘上身前探之勢內旋上起，向右上猛力反手摟抓，指尖向外，高約與面平，功力運達兩手十指；目隨視右爪。（圖 5-115）

④左腳蹬地，右腳速向前滑移進步，身勢隨之前移下沉成右開弓式；同時，左手向右抖放，右手略回收外旋，兩掌成側立掌，乘沉身開弓之勢向前振臂抖腕推擊，指高約與目平，功力運達兩掌根、掌外側及右腳踝；目視雙掌。（圖 5-116）

【運用】

①我與歹徒對峙中。若敵以左側身格鬥式滑步逼近，右拳虛晃，左拳直擊我頭面空位；我左腳速向後撤步，身

圖 5-117

圖 5-118

圖 5-119

勢右閃後坐，以右玄虛式避開敵拳，使敵拳擊空落於我面前；同時，左手上起護面，順敵拳沖勢採按敵左腕上側，右手前伸，仰掌上托敵左肘關節下側，控制住敵攻勢手；目視敵攻防手。（圖 5-117）

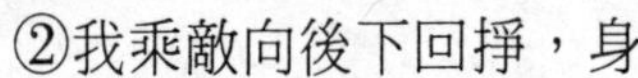

②我乘敵向後下回掙，身勢速前移跟進，同時，左手五指摳抓住敵左腕關節，利用敵後掙之勢用力向左下擰拉敵左腕，右手五指掐捏住敵左肘關節，用力內旋翻擰敵肘、臂，協助左手向左下按壓，迫使敵身勢前傾；目視敵左臂。（圖 5-118）

③若敵身勢向後沉坐，左臂用力後掙解脫；我身勢隨敵前探，左手五指摳抓住敵左腕關節，繼續用力擰拉不讓其掙脫，同時，右手鬆開敵左肘速內旋前上起，五指成鉤爪猛力向右反手摟抓敵面目，使敵痛極難忍後仰而攻守失調；目視敵頭面。（圖 5-119）

圖 5-120

④我乘敵仰身護痛、起右手護面救招之際，左腳速蹬地，使右腳向前滑移成右開弓式撞擊敵前鋒左腿，同時左手向左抖放開敵左腕，右手外旋屈肘回收，與左手一起抖腰振臂猛力推擊敵心窩或胸肋要位，使敵胸肋骨及內臟受擊損傷，迫使敵失衡仰跌；目視敵中、上盤要位。（圖 5-120）

【要點】

兩手採托敵腕、肘要順敵拳沖勢封抓，反向抖挫要突發剛脆力，意、氣、力運集於兩手十指。兩手擰拉按壓腕肘要順勢借力，運勁要充沛，發力要深沉，意、氣、力運集於兩手十指。拉腕抓面要與敵後掙之勢形成合力，拉腕運勁發力要深沉，抓面運勁發力要迅猛，意、氣、力運集於左手五指及右爪尖。

進步開弓式與抖腕雙推掌要上下協調，一致到位，要充分利用腰胯擰轉、振臂抖腕之勢爆發推擊力，意長而力遠，運勁發力要猛烈深沉，意、氣、力運集於兩掌根、兩掌外側、右膝蓋及左腳踝。要充分利用敵後掙和我推擊之合力將敵拋出。

第六章
武當玄真拳十腳實用制敵術

武當玄真拳十腳實用制敵術是武當玄真拳的基本腳法，動作樸實無華，易學易練，實用性強，便於近身搏擊。

武當玄真拳腳法在實戰制敵中往往是先手後腳，手腳併用，手封門戶控制敵手，腳隱手下攻敵不備，起腳於敵失勢之時，落腳於敵要害之處，從而克敵制勝。

現從武當玄真腳法中精選出尖肋腳、通肚腳、窩心腳、偷陰腳、擺蓮腳、後撩腳、裏合腳、勾踹腳、窩肚腳、破襠腳十種基本腳法運用於實戰攻防之中，並以手法設空誘敵，控制敵手，為出腳踢擊敵要害空位創造最佳時機，然後以聯手技法將敵制服。

一、劈面尖肋腳

①由併步站立式起。左腳向後撤步，身勢隨之後移沉坐成右玄虛式；同時，左手內旋立掌，左上起於左臉前，

圖 6-1

圖 6-2

圖 6-3

右手外旋，仰掌前伸於右腰前，功力運達兩手十指；目視右前方。（圖 6-1）

②右腳蹬地，左腳速向右前移進，身勢隨之稍左閃前移；同時，左手前上起，俯掌向左下封按，右掌立掌上起於頭右側方，功力運達左手五指；目視左手。（圖 6-2）

圖 6-4

③右腳蹬地，身勢前移；同時，左手五指繼續向下扣按，右手變刀掌，用力向前劈砍，功力運達左手五指及右掌外側；目視右掌。（圖 6-3）

④左手繼續用力向下扣按，右掌由劈壓轉右勾；同時，左腿撐穩，右腳迅猛前踢，高約與肋平，功力運達兩手及右腳尖；目視右腳。（圖 6-4）

【運用】

①我與歹徒對峙中。若敵以右側身格鬥式逼近我，尋機搶攻；我速撤左腳，以右玄虛式左上右下開合手守勢對

圖 6-5

圖 6-6

敵，設中、上盤空位誘敵手攻入，因勢制敵；目視敵攻防手。（圖 6-5）

②若敵滑進中左拳虛晃，突然出右拳攻入我頭面空位；我右腳蹬地，左腳速向左前移，使身勢左閃避讓開敵拳鋒芒；同時，左手速向右下封按敵右腕，使敵攻勢手落空於身前，右臂內旋上起，防護敵左手攻勢之同時蓄勢反擊；目視敵右拳及頭面。（圖 6-6）

③若敵急於解脫右手而身勢沉坐用力後掙之時；我左手五指用力扣按住敵右腕關節及脈穴，不讓其掙脫，同時上身跟進，速以右手柳葉刀形掌猛力劈擊敵頭面，迫使敵仰身起左手擋架；目視敵頭面。（圖 6-7）

圖 6-7

④我乘敵忙於退守而仰身失調之際，左手繼續用力扣緊敵右腕，右手乘劈勢重壓敵左

腕，並向右下勾摟其腕、臂，乘上身前移左轉之勢起右腳迅猛彈踢敵腰肋，使敵肋骨折傷而仰跌；目視敵上盤。（圖 6-8）

圖 6-8

【要點】

設空誘敵要便於起動、防守、後發制人。左手封按敵右腕與右掌劈面下壓要協調連貫，後發搶先，運勁要柔順，封按發力要深沉，劈面發力要猛烈，意、氣、力運集於左手五指及右掌外側。右尖肋腳要隨身勢前移左轉前踢，運勁要充沛，發力要迅猛，意、氣、力運集於右腳尖。致使敵在無法防護和避閃中腰肋及內臟受重擊喪失反抗能力而降服。

二、擊頭通肚腳

①由站立式起。左腳向後撤步，身勢隨之後移沉坐成右玄虛式；同時，左手內旋上起，立掌置於左臉前，右手外旋，仰掌伸於右腰前，功力運達兩手十指；目視右前方。（圖 6-9）

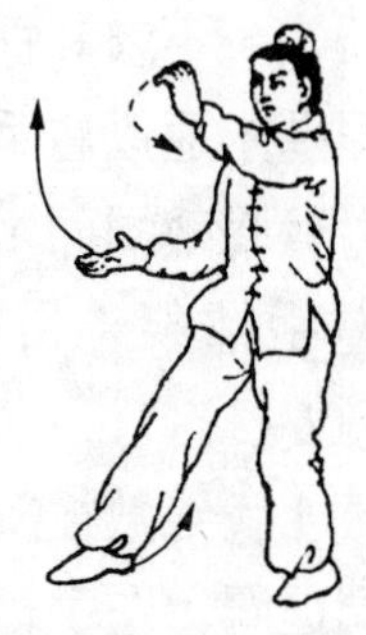
圖 6-9

②右腳向右側移步，身勢左轉、向右後移閃；同時，左手經面前內旋向下扣指封按，右手仰掌上

圖 6-10

圖 6-11

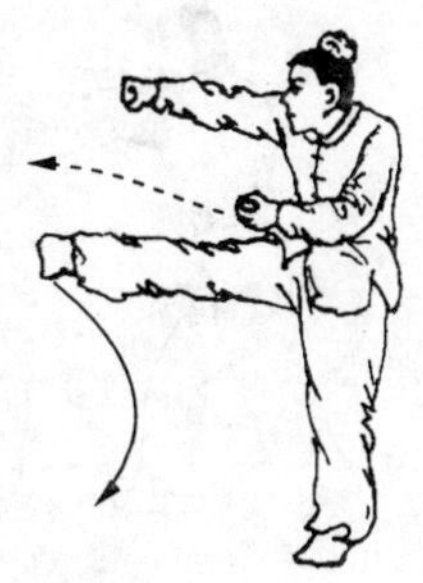
圖 6-12

托於左手前，功力運達兩手十指；目視左手。（圖 6-10）

③左腳蹬地，使身勢右移左轉，左腳隨即向右後偷步；同時，左手五指用力扣緊下按，右手同時經面前向左下封撥扣按，功力運達兩手十指及右腕、臂；目隨視右手。（圖 6-11）

圖 6-13

④身體重心右移至左腳，右腳隨即屈提，向右側方猛力踹出，腳外側向上，高約與腹平；同時，右手握拳向右側用力甩打，高約與頭平，左手繼續用力扣指抓緊，功力運達右腳跟及右拳輪；目視右拳。（圖 6-12）

【運用】

①我與歹徒對峙中。當敵以左側身格鬥式揮拳進逼時，我即撤左腳，以右玄虛式避敵，兩手成左上右下開合

圖 6-14

圖 6-15

手守勢，引敵右拳攻入頭面空位而入扣；目視敵攻防手。（圖 6-13）

圖 6-16

②當敵右拳攻近我身前時，我右腳速向右撤移，身勢稍右閃，使敵拳落空於身前；同時，左手內旋，經面前封按敵左腕，右手同時托抓敵右臂控制敵攻勢手；目視敵攻防手。（圖 6-14）

③若敵出左拳攻擊我頭面之同時，用力後掙欲解脫右臂；我左腳蹬地，使身勢右移左轉，左腳隨之向右後偷步使敵拳擊空；同時右手右上起，經面前向左下撥按敵左臂；目視敵左攻勢手。（圖 6-15）

④我不容敵變式解脫，右拳速向右甩擊敵頭面，在敵忙於閃避護頭之慌亂中，右腳迅猛側踹敵腹部空位，在敵

倒勢已定時，左手即抖放敵右腕，使敵仰身跌出；目視敵上盤。（圖 6-16）

【要點】

閃身偷步封手擊面通肚腳要上下協調，連貫迅猛，手到腳到。閃身偷步要靈敏沉穩，兩手左採右封要連貫到位，運勁要順通，發力要柔韌深沉，意、氣、力運集於兩手十指及腕、臂外側。

擊面與通肚腳要同時到位，運勁要飽滿，發力要猛烈，意、氣、力運集於右拳輪及右腳跟，使敵在無法起手防護，頭面和內臟同時受重擊，仰身跌出而降服。

三、分手窩心腳

①由站立式起。左腳向後撤步成右玄虛式；同時，兩手左上右下成中、上盤開合手守勢；右腳迅速向後撤步；右手隨之內旋，俯掌下按於襠、腹前，功力運達兩手十指；目視前下方。（圖 6-17）

圖 6-17

②身勢略向左後移閃；同時，右手迅速內旋上起，經面向右下撥採，左手稍下落外旋，仰掌向右手前上托抓捏，兩手隨即用力上下抖挫；兩腿同時略屈撐穩，功力運達兩手十指及腕、臂。（圖 6-18）

圖 6-18

③兩腿繼續下沉撐穩，身勢稍

圖 6-19

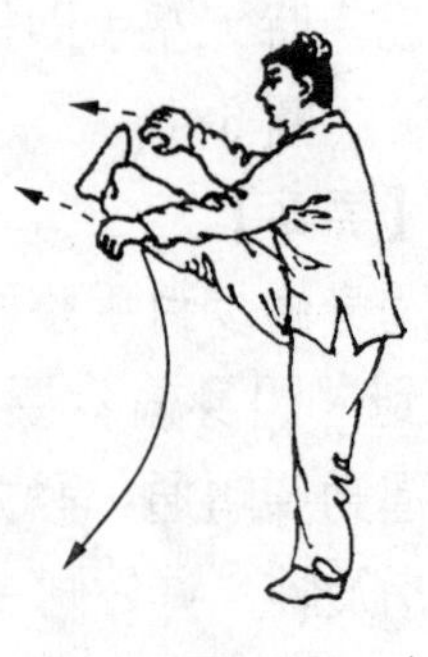
圖 6-20

向右前移閃；同時，左手內旋上起，經面前翻掌向左下撥採，兩手十指用力扣緊；目視兩手。（圖 6-19）

④兩手十指扣緊用力向左右分手擰拉；同時，在身勢前移中速起右腳向前上猛力蹬踢，腳尖回勾向上，腳跟向前，高約同心窩，左腿略沉撐穩，功力運達兩手十指及右腳跟；目視右腳。（圖 6-20）

【運用】

①我與歹徒對峙中。若敵以左側身格鬥式緊逼我身，欲發攻勢；我速撤左腳，以右玄虛式左上右下開合手守勢對敵。若敵滑步突進中起左腳踹擊我右膝，我右腳速向後撤步避讓敵攻勢腿，右手同時翻掌下按護住襠、腹；目視敵右腳。（圖 6-21）

圖 6-21

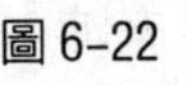

圖 6-22

圖 6-23

②若敵左腳踹空，順勢前落進身，右拳虛晃中出左拳攻擊我頭面空位；我身勢略向左後移閃，使敵左拳擊空後落於右肩前，同時，右手速上起，經面前向右下採抓敵左腕，左手速下落外旋，仰掌托抓住敵左肘下側，兩手合力抖折敵左腕、肘；目視敵攻防手。（圖 6-22）

③若敵及時屈收左肘抗衡我抖挫力，並出右拳攻擊我頭面以解脫左臂；我頭部速向右移，閃避敵拳鋒芒，同時，左手鬆開敵左肘，經面前向左下撥採敵右腕，五指用力扣抓住敵腕關節；目視敵右拳。（圖 6-23）

④我不容敵緩手，十指迅速用力摳揑住敵兩腕關節及脈穴，猛力外旋翻擰分拉，使敵護痛而力散，右腳隨之屈提回勾，以腳跟迅猛蹬擊敵心窩要位，雙手同時抖放敵兩腕，使敵仰身跌出；目視敵上盤。（圖 6-24）

圖 6-24

【要點】

撤步要輕靈敏捷。兩手右採左托要協同到位，運勁要柔順，抖挫發力要迅猛，意、氣、力運集於兩手十指。左手撥採要以腕、掌黏帶敵腕，運勁要柔順，扣指採抓發力要深沉，意、氣、力運集於左手五指。右窩心腳要先屈膝上提，再挺膝前蹬，運勁要飽滿，發力要猛烈，意、氣、力運集於右腳跟。

雙手隨右腳蹬勢抖放敵兩腕，運勁要充沛，發力要迅猛，意、氣、力運集於兩掌根。致使敵心窩及腕關節要位受重擊而仰跌。

四、撈腿偷陰腳

①由站立式起。右腳撤步，身勢後移沉坐成左玄虛式；同時，兩手經右上左下開合手，以右手向右下採抓，左手向右手前仰托，兩手迅猛抖挫，功力運達兩手十指；目視兩手。（圖 6-25）

②左腳向後撤步；同時，左手內旋，經面前向左下撥採，右手外旋，向左手前仰掌上托，兩手協力上下抖挫，功力運達兩手十指；目隨視兩手。（圖 6-26）

③身體左轉左移，左腿屈蹲撐穩，右腳向左腳內側回收成丁點式；同時，左手五指扣緊向左下擰拉，右手下落，經身體右側向前撈抓，功力運達兩手十指；目視右手。（圖 6-27）

④左手繼續用力向左下擰拉，右手繼續向右上抄舉；同時，右腳向右前迅猛撩彈或蹬踹，高約與襠、腹平，左

腿獨立撐穩，功力運達左手五指、右臂及右腳尖（或右腳跟）；目視前下方。（圖 6-28）

【運用】

①我與歹徒對峙中。若敵以左側身格鬥式逼近我身，右拳虛晃，出左拳直擊我頭面空位；我右腳速向後撤步，身勢後移左閃，以左玄虛式避讓敵拳鋒芒；同時，右手經面前右撥採抓敵左腕，左手同時仰掌托抓敵左肘下側，兩手迅猛上下抖折敵左腕、肘；目視敵攻防手。（圖 6-29）

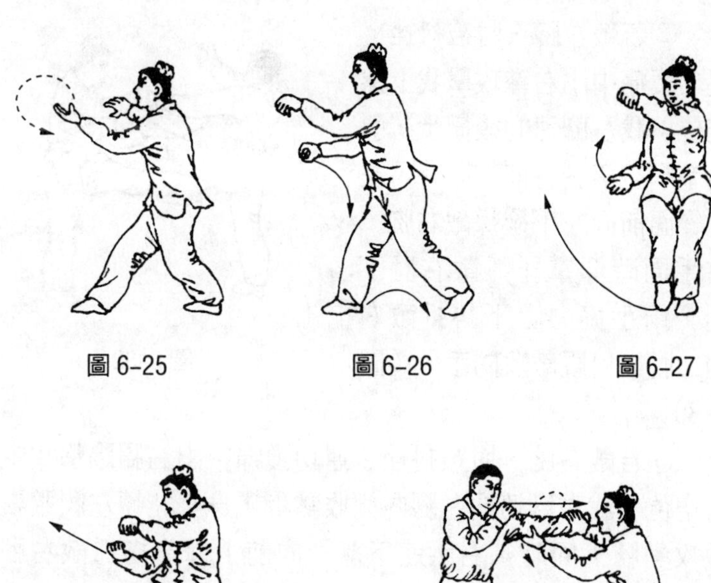

圖 6-25　圖 6-26　圖 6-27

圖 6-28　圖 6-29

圖 6-30

圖 6-31

②若敵左腕、肘被抖挫，運功護痛中出右拳攻擊我上盤空位；我左腳速向後撤步，引敵拳擊空落於身前；同時，左手經面前向左下撥採敵右腕，右手同時仰掌托抓敵右肘下側，兩手協力上下抖折敵右腕、肘；目視敵攻防手。（圖 6-30）

圖 6-32

③若敵右腕、肘被抖挫，運功護痛中出右腳踢擊我中盤空位；我右腳速向左腳內側收點步，身勢左轉左閃避讓敵攻勢腳；同時，右手速下落，向前上仰掌撈抓敵右腳踝，左手繼續抓捏住敵右腕；目視敵右腳。（圖 6-31）

④我右手撈抓住敵右腿後即用力向上抄舉，左手同時外旋，用力向左擰拉敵右腕，迫使敵身勢傾斜；緊接著起右腳迅猛側彈或蹬踹敵襠、腹要位，致使敵襠部破損、失衡仰跌而喪失反抗能力；目視敵中盤。（圖 6-32）

【要點】

撤步玄虛式要與兩手採托上下協調。抖挫運勁要充沛，發力要迅猛，意、氣、力運集於兩手十指。左腳撤步與左手撥抓要上下協調，撤步要靈敏，左手要邊撥邊採，於黏帶中採抓住敵右腕，運勁要柔順，扣指採抓敵兩腕關節發力要深沉，意、氣、力運集於兩手十指。右腳收點與右手撈抓要一致到位，要與左轉沉身相合，撈抓運勁發力要深沉，意、氣、力運集於右手心及腕、臂內側。

右偷陰腳要乘右手上抄敵右腿之機踢出，準確有力，抄腿發力要深沉，踢陰發力要迅猛，意、氣、力運集於左手十指、右臂內側及右腳尖（彈踢）或右腳跟（蹬踹）。

五、掛面擺蓮腳

①由站立式起。左腳撤步，身勢後移沉坐成右玄虛式；同時，兩手從兩側上起，屈肘立前臂，經面前向左右剪拍，左掌拍於右肩前，右掌拍於左掌前，功力運達兩掌心及十指；目視兩掌。（圖 6-33）

②身勢左移閃轉，右腳隨之向左腳後撤步，以腳前掌蹬地；同時，右掌收落左上起，經面前向右內旋撥抓，左掌收落右前上起，經面前外旋向左托抓，兩掌心斜相對，功力運達

圖 6-33

圖 6-34

圖 6-35

圖 6-36

兩手十指；目隨視右掌。（圖 6-34）

③左手協助右手外旋向右後擰拉；右腳隨即蹬地經左腳內側向左上踢起，隨身勢右轉經面前向右掛麵擺蓮；左手同時左擺以維護平衡，功力運達右手五指及右腳外側；目隨視右腳。（圖 6-35）

④右手五指扣緊，繼續用力向右下擰拉；同時，右腿乘右轉擺蓮的慣性向右下用力劈腿砸落；左臂自然擺動維護身體平衡，功力運達右手五指及右腳踝與小腿後側；目隨視右腳。（圖 6-36）

【運用】

①我與歹徒對峙中。若敵以右側身格鬥式逼近我身，右拳虛晃，出左拳直擊我頭面空位；我速撤左腳，身勢後移，以右玄虛式避讓敵拳鋒芒；同時，兩手從左右上起，屈肘立前臂，經面前以右掌向左拍擊敵左肘外側，以左掌向右拍擊敵左腕內側，致敵左肘、腕斷折；目視敵攻防手。（圖 6-37）

②若敵左臂護痛掙脫，出右拳反擊我頭面空位欲挽回

圖 6-37

圖 6-38

敗勢；我身勢速向左後移閃，右腳同時向左腳後撤步蹬地，在避敵攻勢鋒芒同時蓄勢前踢；右手隨身勢移閃收落，由敵右臂下側左上起，向右內旋撥抓敵右腕外側，左手外旋右前伸，向左上托抓敵右腕或右肘內下側；目視敵右臂。（圖6-38）

圖 6-39

③我乘敵前沖慣性，雙手扣緊敵右腕、臂猛力向右後擰拉，迫使敵護痛跟進而身勢前傾。我乘勢右轉身，以腰胯的扭轉力帶動右腿向右擺蓮，以右腳外側為力點猛力掛踢敵頭面，致使敵失衡前倒；目視敵上盤。（圖 6-39）

④我右手五指抓緊敵右腕關節，繼續用力向右下擰拉，迫使敵前仆跪倒，右臂反臂右後舉而使敵肘關節外側向上，同時，右腿乘擺蓮之勢，以右腳踝及小腿後側為力點迅猛下劈砸擊敵右肘關節外側，致使敵右肘、臂斷折，仆

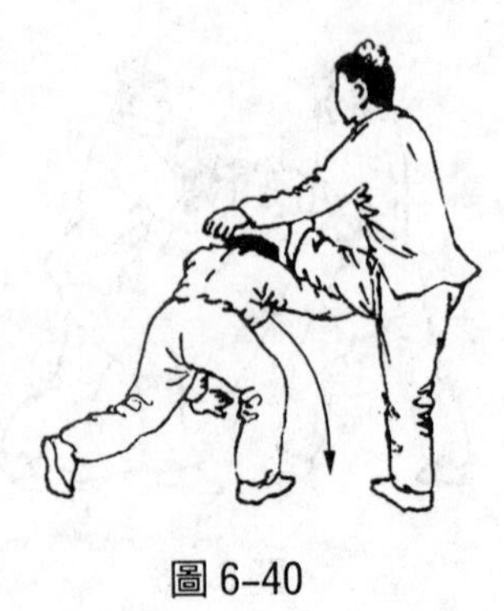
圖 6-40

圖 6-41

倒，喪失反抗能力而降服；目視敵右肘、臂。（圖 6-40）

【要點】

撤步玄虛式剪拍手要上下協調，撤步幅度要以敵拳擊勢將盡時恰好落於面前為佳，剪拍手運勁要飽滿，發力要剛猛，意、氣、力運集於兩手心及十指。

移步閃身抓腕與擰拉手和掛麵擺蓮腳要上下相合，連貫完成，運勁要柔順，發力要迅猛，意、氣、力運集於兩手十指及右腳外側。劈腿砸肘要充分利用擺腿之勢發力，發力要迅猛，意、氣、力運集於右手五指及右腳踝、小腿後側。支撐腿要穩固。

六、折臂後撩腳

①由站立式起。左腳向後撤步，身勢隨之後移沉坐成右玄虛式；同時，右掌左上起，屈肘立前臂，經面前內旋右撥，左掌外旋，仰掌上抄於腹前；功力運達左掌心、右掌及前臂外側；目隨視右掌。（圖 6-41）

圖 6-42

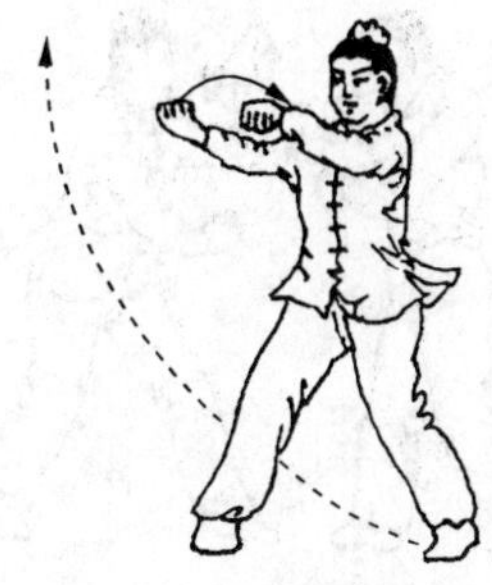

圖 6-43

②右手扣指向右下採抓，左手同時仰掌向右手前托抓；身勢隨之右轉，左腿蹬伸以助兩手採托抖折發力，功力運達兩手十指及左腳踝；目隨視兩手。（圖 6-42）

圖 6-44

③身勢速左轉向右移閃；左手同時屈肘立前臂，經面前向左內旋撥抓，右手隨之外旋，向左手前仰掌托抓，兩掌心斜相對，功力運達兩手十指；目隨視兩手。（圖 6-43）

④身勢左轉，重心移至右腿；同時，右手五指抓緊向右肩前拉拽，猛力向前下屈腕；右腿撐穩，左腿隨之向後迅猛撩踢，高約與襠腹或頭面，左手左擺，功力運達右手五指、左腳跟或左腳掌；目視右手。（圖 6-44）

圖 6-45

圖 6-46

【運用】

①我與歹徒對峙中。若敵以左側身格鬥式進逼搶攻，出左拳直擊我上盤空位；我速撤左腳，以右玄虛式避讓敵拳鋒芒；同時，右手左上起，經面前內旋右撥黏帶敵左腕、臂內側，左手外旋，仰掌上起護住襠、腹要位；目視敵攻防手。（圖 6-45）

②我右手滾轉黏帶敵左腕至其攻勢將盡時，即扣指採抓住敵左腕關節，乘身勢右轉拉拽牽動敵重心，左手同時速前上起，仰掌托抓住敵左肘關節下側，乘左腿蹬伸發力迅猛抖折敵左腕、臂，身、腰、肩、臂抖轉助增發力，致使敵左肘、腕斷折；目視敵攻防手。（圖 6-46）

③若敵左臂護痛掙脫，出右拳攻擊我頭面欲挽回敗勢；我身勢速左轉右閃，避開敵拳擊路線；同時，左手內旋，經面前向左撥抓敵右腕內上側，右手外旋，仰掌托抓敵右臂外下側，兩手合抓住敵右腕、臂後即牽動敵重心前傾；目視敵右腕、臂。（圖 6-47）

圖 6-47

圖 6-48

④在敵護痛傾身中，我右手五指抓緊敵右腕迅猛向前下屈折，致使敵腕、臂折傷，同時身勢速左後轉，左腳隨上身左轉前俯之勢迅猛後撩，以腳跟為力點撩踢敵襠、腹，或以腳掌為力點撩踢敵頭面，致使敵仰跌敗北；目餘光視敵中、上盤。（圖 6-48）

【要點】

撤步撥抓敵左腕、臂要於滾貼中黏帶，運勁發力要柔順深沉，意、氣、力運集於右腕外側轉至五指。右採左托抖折敵肘、腕要充分利用左腿蹬伸和身腰抖轉之勢發力，運勁發力要迅猛剛脆，意、氣、力運集於兩手十指。

左轉右閃撥托合抓敵右腕要身手相合，準確有力，意、氣、力運集於兩手十指。

右手屈折敵右腕、左腳撩踢敵中、上盤要害空位運勁要充沛，發力要猛烈，意、氣、力運集於右手五指及左腳跟或左腳掌。右腿獨立要穩固。

圖 6-49

圖 6-50

圖 6-51

七、擊頭裏合腳

①由站立式起。左腳向後撤步，身勢隨之後移沉坐成右玄虛式；同時，右手右上起，屈肘立前臂，經面前向下封按，左手俯掌前上起於腹前，功力運達右手五指；目視右手。（圖 6-49）

②右腳向左前移步，身勢右轉左閃；同時，右手順下封之勢左上起，經面前向右內旋撥抓，左手右上起外旋向右手前托抓，功力運達兩手十指；目視雙手。（圖 6-50）

③身勢右轉，兩手十指抓緊用力向右擰拉；左腳乘右轉之勢向右裏合腳；左臂隨之左擺維護身體平衡，功力運達右手五指及左腳底；目隨視左腳。（圖 6-51）

④身體右轉，右手繼續用力向右下外旋擰拉；左腳乘轉身合擺之勢落地，腳尖內扣，身勢隨即屈蹲成騎馬式；同時，左手於右手前抓握，兩手於襠、腹前用力向上掰拉；功力運達兩手十指及臂內側；目視雙手。（圖 6-52）

圖 6-52

圖 6-53

【運用】

①我與歹徒對峙中。若敵以左側身格鬥式突進搶攻，右拳虛晃，出左拳直擊我頭面空位；我左腳速撤步，身勢右閃後移成右玄虛式避讓敵攻勢手，右手同時右上起，經面前向下封按敵左腕，左手上起護住襠、腹要位；目視敵攻防手。（圖 6-53）

圖 6-54

②若敵左拳順我封按之勢迅速回收護面，右拳乘轉身蹬地之勢迅猛沖擊我頭面；我右腳速向左前移步，在身勢左移左閃中避開敵右拳鋒芒，同時右手順按勢左前伸，經面前向右撥帶採抓敵右腕外上側，左手外旋，仰掌右上起托抓住敵右腕內下側，控制住敵攻勢手；目視敵攻勢手。（圖 6-54）

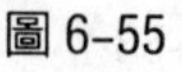

圖 6-56

③我十指用力摳抓住敵右腕關節及脈穴向右後拉拽，牽動敵重心前傾，當敵前傾失調時，我即用力向右下擰拉敵右腕、臂，乘勢起左腳裏合猛力掛踢敵頭面要位，使敵仆倒；目視敵頭面。（圖 6-55）

④不論敵頭面被掛踢跪倒，還是敵俯身躲避，我都以右手外旋擰拉住敵右腕、臂，使敵右肘關節外側向上，同時，左腳順擺合之勢跨過敵右臂，身勢隨之右轉落步下蹲，以大腿根或臀部猛力坐壓敵右肘關節外側，雙手同時用力上掰敵右腕，將敵右肘、腕折斷，使其喪失反抗能力而降服；目視敵右腕、臂。（圖 6-56）

【要點】

撤步封按、閃身撥抓敵左右腕、臂要迅速、及時、準確，運勁要柔順，發力要深沉，意、氣、力運集於兩手十指。擰拉敵腕、臂發力要迅猛，裏合掛面發力要深沉，跨臂轉身要協調沉穩，坐肘折臂要順勢借力，坐肘運勁要飽滿，發力要深沉，掰臂運勁要充沛，發力要剛猛，意、氣、力運集於左腳底內側、兩手十指及臀、腿處。

圖 6-57

圖 6-58

圖 6-59

八、勾踹連環腳

①由站立式起。右腳向後撤步，身勢隨之左閃後移沉坐成左玄虛式；同時，右手左上起，經面前內旋向右採抓，左手向左前仰掌上托於右手前，兩手同時發勁抖挫，功力運達兩手十指；目隨視兩手。（圖 6-57）

②右手外旋，左手內旋，合力擰拉，隨即左手向右手前抓擰；身勢隨之左轉前移；右手握拳左下伸，屈肘立臂向右猛力夾摧，功力運達兩手十指轉至右臂內側；目視右臂。（圖 6-58）

③右拳變掌內旋，向左手前抓握，兩手合力向右下拉；同時，右腳回勾內扣，用力向左前下方勾掛，左腿略屈撐穩，功力運達兩手十指及右腳踝內側；目視雙手，餘光視右腳。（圖 6-59）

④左腿繼續撐穩，右腿屈收後再向右下猛力踹蹬，腳外側向上，高約與膝平；雙手同時變掌，向右前迅猛抖

圖 6-60

圖 6-61

推；功力運達兩掌心及右腳跟；目視雙掌，餘光視右腳。（圖 6-60）

【運用】

①我與歹徒對峙中。若敵以右側身格鬥式逼近我身，左拳虛晃，出右拳直擊我頭面；我速撤右腳，身勢左閃後移，以左玄虛式避讓敵拳鋒芒；同時，速起右手護面，右撥採抓敵攻勢手腕，左手上起，托抓住敵攻勢手肘關節，兩手合力上下抖挫敵右肘、腕，將敵肘、臂折傷；目視敵右臂。（圖 6-61）

圖 6-62

②我乘敵護痛失調之際，雙手用力擰拉敵右腕、臂，迫使敵護痛跟進，左手隨即滑抓住敵右腕，右手鬆開敵腕後即由敵右臂下前伸，屈肘猛力攤夾敵右肘關節外側，左手同時向左擰掰敵右腕，使敵腕、肘折傷，身勢扭轉以助發勁；目視敵右臂。（圖 6-62）

圖 6-63

圖 6-64

③若敵右臂用力屈收後掙與我抗衡；我右手速內旋，扣抓敵右腕關節，雙手合力向右下擰拉敵右腕；同時，右腳用力向左前勾掛敵前鋒右腿，使敵在我擰拉勾掛之合力作用下而仆倒；目視敵中、下盤。（圖 6-63）

④若敵及時屈提右腿避開我勾掛腿，我右腿迅速回收，順敵右腿屈提之勢猛力側踹敵左腿膝關節或腿踝內側；雙掌同時迅猛抖推敵右腕、臂，使敵膝、腿折傷，在我推踹之合力作用下而跌出；目視敵中、下盤。（圖 6-64）

【要點】

撤步採托敵手臂要上下協同，運勁要柔順，抖折敵肘、腕發力要剛脆，意、氣、力運集於兩手十指。擰拉擗夾敵肘、腕要連貫迅猛，運勁要飽滿，發力要猛烈，意、氣、力運集於兩手十指轉至右臂內側。

雙手擰拉與右腳勾掛、雙掌抖推與右腳蹬踹要上下協調，連貫迅速，一致到位。擰拉手與勾蹺腳運勁發力要猛烈深沉，意、氣、力運集於兩手十指及右腳踝內側。雙掌抖推與膝腳運勁發力要迅猛深長，意、氣、力運集於兩手

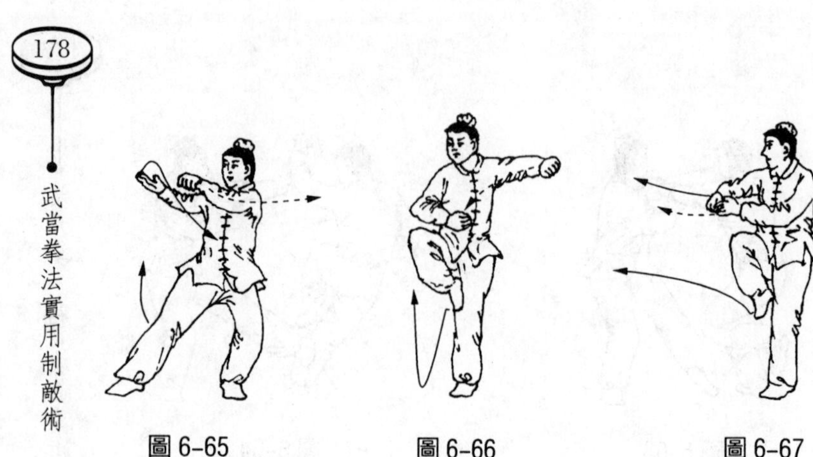

圖 6-65　圖 6-66　圖 6-67

掌及右腳跟。

九、頂膝窩肚腳

①由站立式起。左腳向後撤步，身勢右閃後移沉坐成右玄虛式；同時，左手右上起，經面前向左撥帶採抓，右手仰掌上托於左手前，兩手高約與肩平，功力運達兩手十指；目視雙手。（圖 6-65）

②左手速外旋，用力向左下擰拉，右手內旋，用力向左下擰按；同時，右膝屈提猛力向右前上頂，左腿直立撐穩，功力運達兩手十指及右膝；目視右膝。（圖 6-66）

③左手速前伸，與右手一起經身前用力摳抓下按；同時，右腳下落後，速屈膝向前上迅猛頂撞，與兩手心擊響，功力運達兩手十指及右膝；目視雙手。（圖 6-67）

④左腿獨立撐穩，右腿挺膝向前用力蹬伸，腳尖向上，高約與腹平；同時，雙掌成立掌向前迅猛抖推，掌根向前，高約與肩平，功力運達兩掌及右腳跟；目視雙掌。

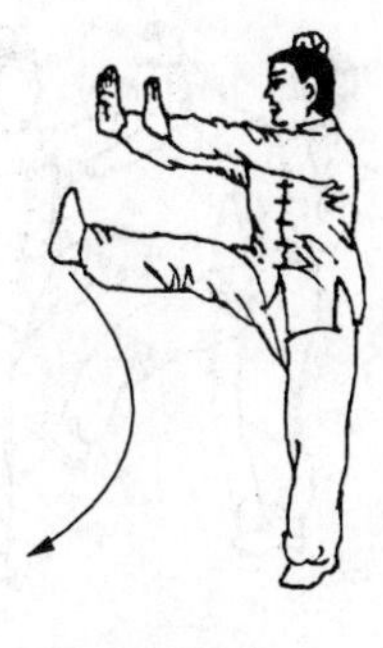

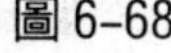

圖 6-68

圖 6-69

（圖 6-68）

【運用】

①我與歹徒對峙中。若敵以左側身格鬥式滑步突進，右拳虛晃，出左拳搶攻我上盤空位；我速右閃身，撤左腳，以右玄虛式避讓敵拳擊路線；同時，左手速右上起護面，向左撥帶採抓敵左腕，右手上起，托抓住敵左肘關節，控制住敵攻勢手臂；目視敵左臂。（圖 6-69）

圖 6-70

②我利用敵搶攻前沖之勢，左手用力外旋，右手用力內旋，向左後猛力擰拉敵左腕、臂，迫使敵護痛而俯身跟進。我左手左後拉敵左腕之同時，右手用力向左下按壓敵後背，右腿隨之屈提，以膝蓋猛力頂撞敵腹、肋或中盤要位，連續頂撞使敵中盤受重創而喪失反抗能力；目視敵身。（圖 6-70）

圖 6-71

圖 6-72

③若敵右手用力推按我右膝，身勢後掙弓腰護痛；我雙手用力抓住敵後衣領或後腦頭髮向身前下按，同時右膝屈提，猛力向上頂撞敵頭面，敵掙脫前可以連續頂撞敵上盤，直至敵降服；目視敵上盤。（圖 6-71）

④若敵雙手推按我右膝用力後掙，脫離我頂膝距離；我右腿迅速挺膝蹬伸，以右腳跟猛力蹬踢敵腹、肋要位，雙手同時迅猛抖推敵頭面，使敵中、上盤要位受重擊，在我手腳推蹬之合力作用下仰身跌出而喪失反抗能力；目視敵中、上盤。（圖 6-72）

【要點】

擰拉頂腹、按頭頂面與窩肚腳、雙推掌要上下協調，連貫迅猛，一致到位。撤步閃身擰拉敵腕、臂，要充分利用敵前沖之勢牽動其重心，拉按頂腹與按頭撞面要連續提頂右膝，準確有力。

運勁要充沛飽滿，擰拉按壓發力要深沉，頂膝發力要猛烈，意、氣、力運集於兩手十指及右膝蓋。

推面雙擊掌與蹬腿窩肚腳要同時發勁，上下齊擊，右

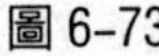
圖 6-73

圖 6-74

腿由頂到蹬，腳不落地，一氣呵成，運勁發力要猛烈深遠，雙臂由屈到伸抖推發放，運勁發力要迅猛深長，意、氣、力運集於兩掌及右腳跟。

十、截膝破襠腳

①由站立式起。右腳向後撤步，身勢右閃後移沉坐成左玄虛式；同時，右手右上起，經面前向左下封按，左手俯掌按於腹前，功力運達右手五指及左掌心；目視右手。（圖 6-73）

②右手順按勢左上起，手臂內旋，經面前向右撥抓，左手外旋上起，托抓於右手前向右拉拽；同時，身勢前移，左腿略屈撐穩，右腳猛力向前下截踹，腳尖外展，高約與膝平，功力運達兩手十指及右腳跟；目視雙手，轉視右腳。（圖 6-74）

③身勢左轉，右腳落步再屈提，或者直接屈膝收提於身前，膝儘量高提過腰；同時，左手左下落，向右小腿前

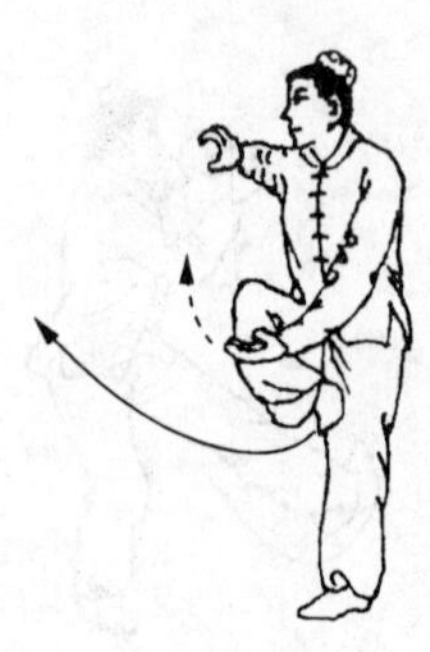
圖 6-75

圖 6-76

摟抱，右手用力向右下擰拉，功力運達兩手十指及右小腿；目視右膝。（圖6-75）

圖 6-77

④右手繼續用力向右下擰拉、左手向上摟抱之同時，右腳迅速挺膝向前上猛力彈踢，高約與襠平，左腿直立撐穩，功力運達兩手十指及右腳尖背側；目視右腳（圖 6-76）。右腳收落時可以變為前踏落地。

【運用】

①我與歹徒對峙中。若敵以左側身格鬥式突發搶攻，右拳虛晃，出左拳攻擊我頭面空位；我右腳速向後撤步，身勢後移右閃中避讓敵左拳；同時，右手速右上起，經面前向左下封按敵左腕，左手俯掌下按護住襠、腹部；目視敵攻防手。（圖 6-77）

圖 6-78

圖 6-79

②若敵左拳順我按勢回收，身勢左轉中出右拳直擊我頭面空位；我身勢速右閃，右手乘按勢左上起，經面前向右撥抓敵右腕，左手隨之上起外旋，仰掌托抓敵右肘，雙手用力向右擰拉敵右腕、臂之同時，速起右腳，迅猛截踹敵前鋒左腿膝關節或脛骨，迫使敵仆身前倒；目視敵右拳臂，餘光視敵前鋒腿。（圖 6-78）

③若敵及時收移前鋒腿避開我截踹腿，並起右腳踢擊我襠、腹部；我在擰拉敵右腕、臂之同時，速屈收右腿磕擋敵右膝或小腿處護住襠、腹要位，右腳回勾住敵右腳踝，左手速將敵腿摟按於右腿內側，使敵手腳不能抽脫；目視敵攻勢腿。（圖 6-79）

④我不給敵解脫之機，在擰拉腕摟抱腿之同時，右腳迅猛彈踢敵襠部要位，使敵痛極難忍而喪失反抗能力；目視敵中、下盤（圖 6-80）。右腳彈踢敵襠部

圖 6-80

後，即順勢前踏敵左支撐腿內側，左手同時向上抬舉敵右腿，右手同時抖推敵上盤空位，迫使敵在我蹬、推、舉之合力作用下仰跌而降服；目視敵中、上盤。

【要點】

封按轉撥抓要柔順自然，運勁發力要深沉。雙手擰拉與右腳截踹要上下協調，一致到位，運勁發力要猛烈深沉，意、氣、力運集於兩手十指及右腳跟。

屈膝收提與下拉腕摟抱腿要協同一致，運勁發力要深沉，意、氣、力運集於兩手十指及右小腿內側。

右手拉腕與左手摟抱運勁發力要深沉，右腳彈踢運勁發力要迅猛，托舉與前踏運勁發力要深沉，意、氣、力運集於右手五指、左臂內側、右腳尖轉至右腳掌。右腳截踹、收提和彈踢要連貫完成。左腿要獨立撐穩。

第七章
武當玄真拳借中盤力實用制敵術

武當玄真拳的高級功法由站樁、行氣、運功、調息、心法、意念、聽勁、感知、隨動、合發等內功組成，短時間內不易掌握和運用。

武當玄真拳的初、中級功法由移步開式、設空誘敵、身勢閃轉、扣指封撥、採托抖挫、磕按橫截、隨勢換招、順勢借力、即化即打、合力制人等內外功組成，便於學練、掌握和運用。

武當玄真拳借中盤力制敵術屬於道家武技中借力制敵之上乘功法。可以由單操、聽勁、動功、試招、變式等技法練起，逐步提高深化。

這一功法訓練主要針對攻防變式中可能出現的前衝力、左橫力、右橫力、後掙力四種明力變化，再由各種明力變化的大小、方向及趨勢演化其相應的制敵技法。

採取彈性木樁手臂體會抗衡感覺，由吊袋手臂的擺動變化體會隨動感覺，在二人合練中感知彼四種明力之變化；與敵對峙中，以靜制動，後發制敵；若敵急於搶攻時，則設空誘敵，引敵入扣；當敵手攻入中盤時，即於有備閃避中封抓住敵攻勢手；搭手後，則通過手部皮膚和心法意念迅速感知出敵手攻勢勁力的大小、方向及其變化，並隨敵勁力前後左右之變化而變換招勢，順勢借力，借力發力，將敵制住。

一、借中盤前衝力擰捌制敵術

借中盤前衝力擰捌制敵術是武當玄真拳借力制敵術之技法。當敵手攻入我中盤空位時，我即於閃避中採抓住敵手腕，搭手後，即通過手部皮膚和心法意念感知出敵前衝攻勢勁力大小、方向及其變化。當感知出敵前衝勁力較大時，即順勢借力，發力擰捌，將敵牽摔於地。

1.技法訓練

①由併步站立式起。左腳撤步，身勢後移，兩腿略屈後坐成右高姿玄虛式；左臂略屈，立掌前伸，置於面前，掌心向前，右手仰掌前伸於右腰前，掌指向前成右開合守式；目視右前方。（圖7-1）

②身步後移右閃成右低姿玄虛式；同時，右手仰掌向身前托起，左手向身前採按於右掌後側，兩手合力抓緊，功力運達兩手十指；目視雙手。（圖7-2）

③身體左後轉，右腳向右後滑蹬成左開弓式；同時，左手外旋，右手內旋，向左後猛力擰捌，功力運達兩手十指及右腳踝外側；目隨視雙手。（圖7-3）

④雙手繼續用力向左下擰拉；左腿下沉撐穩，右腳同

圖 7–1

圖 7–2

圖 7–3

圖 7–4

時向前下猛力蹬截，功力運達兩手十指及右腳跟；目視右腳。（圖 7–4）

2. 樁功訓練

(1) 木樁功

①面對木樁站立。左手前上舉護面，右手仰掌前下伸護腰，樁臂端置於胸、腹前（活木樁中盤手臂的肩關節和肘關節處均為強力彈簧連接），寧神靜氣，運動功力於兩

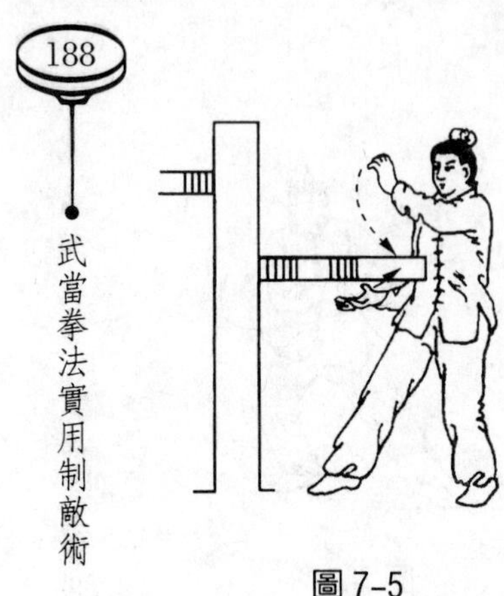
圖 7–5

圖 7–6

掌；目視樁臂。（圖 7–5）

②左腳速向左後撤步，以右高姿玄虛式對樁；兩手左上右下以開合手護住上下盤；隨即身步移閃成右低姿玄虛式；同時左手採按住樁臂端上側，右手托抓住樁臂端下側；目視樁臂端。（圖 7–6）

③身勢左轉，右腳向右滑蹬成左開弓式；同時，兩手扣抓住樁臂端，逆時針向左下猛力擰捌，注意體會發力的猛烈深沉感和擰　的抗衡感；目視樁臂。（圖 7–7）

④雙手繼續抓緊樁臂向左下用力擰捌推按；同時，左腿撐穩，右腿屈膝向後上用力勾挑樁柱，以此訓練擰　勾挑發力的深沉感和抗衡感覺，目視樁臂。（圖 7–8）

(2) 吊袋功

①雙手推動吊袋，吊袋的一側連接一條平舉手臂，使吊袋手臂向身前回擺。同時，左腳撤步，以右高姿玄虛式對袋臂，兩手左上右下護住頭面和腰肋，迅速運功於兩掌；目視袋臂回擺。（圖 7–9）

②當袋臂回擺至身前時，迅速移步右閃身，以右低姿

圖 7-7

圖 7-8

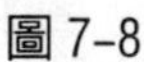

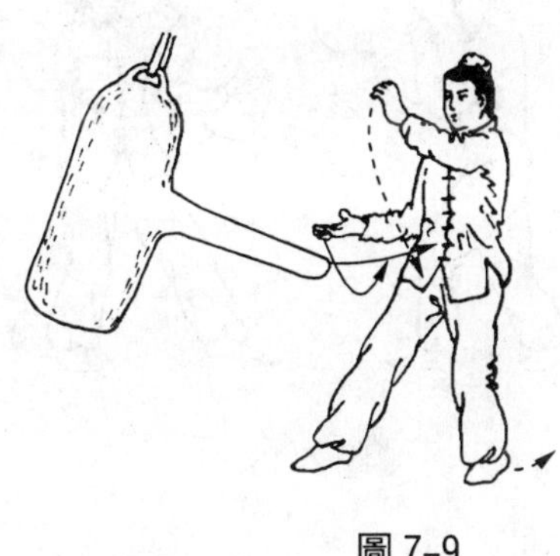

圖 7-9

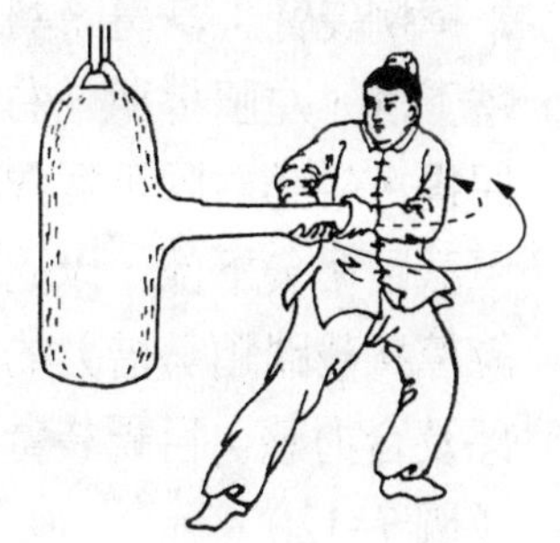

圖 7-10

玄虛式避開袋臂端撞擊；同時，左手採按袋臂端上側，右手托抓袋臂端下側；目視袋臂。（圖 7-10）

③雙手扣抓住袋臂端後，即以手部皮膚和心法意念感知袋臂回擺的前衝力，雙手同時迅速逆時針向左下猛力旋擰袋臂，邊擰邊挒之同時，身勢左轉下沉，右腿蹬伸以助發力，以此訓練借前衝力擰挒發力的動感及合力感；目隨視袋臂。（圖 7-11）

圖 7-11

圖 7-12

④雙手繼續用力向左下擰捌袋臂；身體隨勢左轉下沉，左腿撐穩，右腿屈提，帶動右腳迅猛向前下截踹吊袋下部，以此訓練擰捌截踹順勢借力的動感及合力感；目視袋臂。（圖 7-12）

圖 7-13

3. 試招之一

①我與歹徒對峙中。若探知敵力大勢猛，屬於進攻型拳手，我則採取因勢施法、借力打力、順手牽羊之術制敵。當敵以左格鬥式逼近我，尋機搶攻；我速撤左腳，以右高姿玄虛式對敵，左臂略屈前伸立掌護住頭面，右臂略屈前伸，仰掌護住襠、腹，故意暴露中盤空位誘敵出手搶攻；目視敵攻防手。（圖 7-13）

②若敵認為我中盤有空可擊，滑步突進中以右拳晃擊

圖 7-14

圖 7-15

我頭面，左拳乘勢直擊我中盤空位；我身、步速後移右閃成右低姿玄虛式，避開敵右拳晃擊路線，並使敵左拳擊空落於身前；同時，左手順敵拳沖勢，迅速採按於敵左腕上側，右手上起托抓於敵左腕下側，兩手於捌帶中控制住敵左臂；目視敵左臂。（圖 7-14）

③我迅速由手部皮膚和心法意念感知敵拳前沖勁力的大小、方向及變化。當感知出敵拳前衝力較大時，兩手即扣緊敵左腕關節，順敵拳沖勢逆時針向左下猛力擰捌，身、腰同時左轉，右腳隨之向右後滑蹬敵鄰近腿，以左開弓式助增發力，順借敵前衝力及擰捌抵蹬之合力致敵腕、肘折傷而仆身前倒；目視敵左臂。（圖 7-15）

④若擰捌效果不夠顯著，不足以致敵受傷倒地，我則雙手繼續用力擰捌住敵左腕、臂，同時左腿略屈下沉撐穩，右腿屈提，以右腳跟迅猛蹬截敵左膝關節外側，致使敵左膝外側半月板及膝關節損傷而跪倒於地；目視敵中、下盤（圖 7-16）。若敵不服，我則以大力卸肩手卸敵左臂。

【要點】

圖 7–16

我設空誘敵，既要給敵以可信性，又要便於自己防守反擊，寧神靜氣中要調動好應付突變的意念，以靜制動中要運動好突發變招的功力。

兩手採按托抓中要順隨敵拳沖勢牽動敵重心，引敵前傾而失衡，兩手臂運勁發力要深沉，意、氣、力運集於兩手十指。

當感知出敵前衝慣性和捌帶之力足以牽動敵重心時，即突發螺旋力和橫捌力，迫使敵左腕、臂內旋，因反關節擰拉護痛而前傾跟進，兩手螺旋擰捌運勁發力要猛烈深沉，意、氣、力運集於兩手十指及右腳踝外側。若擰捌滑蹬未能致敵仆倒，則速以右腳蹬截敵鄰近腿膝關節，運勁發力要猛烈，意、氣、力運集於右腳跟及兩手十指，迫敵仆倒，致使敵膝、肘關節斷折而喪失反抗能力。

4. 試招之二

①我與歹徒對峙中。若敵以右格鬥式滑步突進，左拳砸壓我前鋒手，右拳同時攻擊我中盤空位；我撤步右閃，以右低姿玄虛式避敵拳鋒芒，當敵拳擊空落於胸前時，兩手即左採右托抓住敵右腕、臂，順敵拳沖勢向左下牽動敵重心；目視敵右腕、臂。（圖 7–17）

②我雙手抓帶住敵右腕、臂後，即由手部皮膚和心法意念感知敵拳前擊路線、勁力大小，方向及變化。當感知

圖 7-17

圖 7-18

出敵拳前衝力很大，可以牽動其重心時，身體即左轉，左手隨勢外旋，順敵拳沖勢向左下擰拉敵右腕，右手同時內旋，向左下擰捌敵右臂，右腳隨之滑移抵住敵鄰近腿，迫使敵右腕、臂外旋傾身而無法連擊左拳；目隨視敵右腕、臂。（圖 7-18）

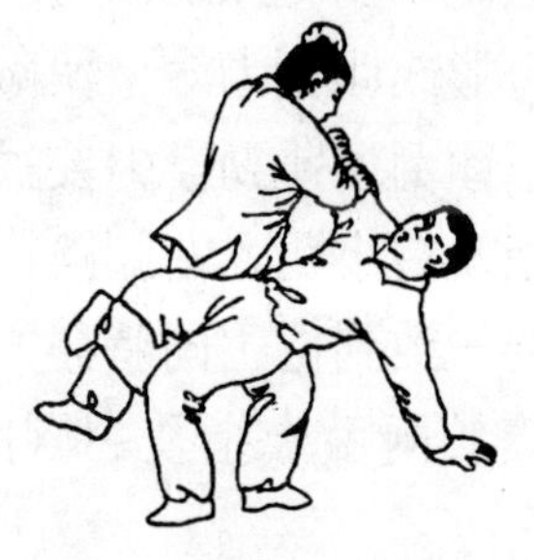
圖 7-19

③我不容敵緩勢解脫，兩手繼續用力向左下擰捌敵右腕、臂之同時，右腿隨身體左轉之勢後屈纏別住敵右腿，用力向後上勾挑，迫使敵在上擰捌、下勾挑之合力作用下左轉仰身而失衡後倒；目視敵上盤。（圖 7-19）

④敵仰跌於地後，若繼續掙扎反抗，我則身體速下沉前俯，雙手繼續擰拉住敵右腕、臂，同時右腳乘收落之勢前擺，猛力蹬踩敵右肩關節前側，雙手用力向左上抖拽敵右腕、臂，使敵右肩關節損傷脫位喪失反抗能力而降服；

目視敵右臂。（圖 7-20）

【要點】

圖 7-20

上述分解動作要上下協合，連貫完成。閃身採托抓腕要把握好雙方攻防時間差和距離差，準確到位，運勁發力要深沉，意、氣、力運集於兩手十指。

順前衝力摔捌要充分利用蹬地轉身之勢以助發力，以勾挑腿破壞對方重心支撐面，形成傾倒力矩，使敵方在慣性摔捌力和勾挑力的合作用下傾倒，運勁發力要猛烈深沉，意、氣、力運集於兩手十指及右小腿。右腳蹬踩對方肩關節，雙手抖拽對方腕、臂要一致到位，同時發力，運勁發力要猛烈，意、氣、力運集於兩手十指及右腳跟。連續蹬拽，直至對方肩臂脫傷。

左式借中盤前衝力摔捌敵中盤攻勢手制敵之技法訓練、樁功訓練、試招和要點可以參考上述，惟左右相反。

二、借中盤左橫力疊壓制敵術

借中盤左橫力疊壓制敵術是武當玄真拳借力制敵術之技法。我與敵接手中，以中盤空位逗引敵手攻入，於有備閃避中控制敵攻勢手，通過手部皮膚和心法意念感知敵拳前沖勁力的大小、方向及其變化。當感知出敵手臂向左橫掙時，即順借敵左掙橫力以疊壓肘制敵。

圖 7-21

圖 7-22

1. 技法訓練

圖 7-23

①由併步站立式起。左腳撤步，身勢後移，兩腿略屈後坐成右高姿玄虛式；左臂略屈，立掌前伸，置於面前，掌心向前，右手仰掌前伸於右腰前，掌指向前，成右開合守式；目視右前方。（圖 7-21）

②身步後移右閃成右低姿玄虛式；同時，右手仰掌向身前托起，左手向身前採按於右掌後側，兩手合力抓緊，功力運達兩手十指；目視雙手。（圖 7-22）

③身體左轉下蹲，右腳跟滑蹬成騎馬式；同時，左手外旋，右手內旋，向左用力擰捌，右肘隨之屈疊向左前猛力橫擊，功力運達兩手十指及右肘外側；目隨雙手，轉視右肘。（圖 7-23）

④身體繼續左轉下沉；兩手向左擰捌，同時，右肘用力向左下壓頂，右膝隨之向前下猛力跪頂，功力運達兩手

十指、右肘外側及右膝；目視右肘。（圖 7-24）

圖 7-24

2. 樁功訓練

(1) 木樁功

①面對木樁站立。左手前上舉護面，右手仰掌前下伸護腰，使樁臂端置於胸、腹前（活木樁中盤手臂的肩關節和肘關節處均為強力彈簧連接），寧神靜氣，運動功力於兩掌；目視樁臂。（圖 7-25）

②左腳速向左後撤步，以右高姿玄虛式對樁；兩手左上右下以開合手護住上下盤；隨即身、步移閃成右低姿玄虛式；同時，左手採按住樁臂端上側，右手托抓住樁臂端下側；目視樁臂端。（圖 7-26）

③身勢左轉，右腳滑蹬成騎馬式；兩手扣抓住樁臂端，逆時針向左下猛力擰挒，右臂隨之屈疊向左前猛力橫

圖 7-25

圖 7-26

圖 7-27

圖 7-28

擊樁臂肘關節處。注意體會擰捌疊肘發力的猛烈深沉感和抗衡感；目視樁臂端。（圖 7-27）

圖 7-29

④騎馬式不變，兩腿蹲平撐穩，左手抓緊擰住樁臂端，右手同時握拳外旋上擺，以臂外側向前下猛力掄砸樁臂肘關節處，以此訓練砸壓肘發力的猛烈深沉感和抗衡感；目視樁臂肘關節。（圖 7-28）

(2) 吊袋功

①雙手推動吊袋，吊袋的一側連接一條平舉手臂，使吊袋手臂向身前回擺；同時，左腳撤步，以右高姿玄虛式對袋臂；兩手左上右下護住頭面和腰肋，迅速運功於兩掌；目視袋臂回擺。（圖 7-29）

②當袋臂回擺至身前時，迅速移步右閃身，以右低姿

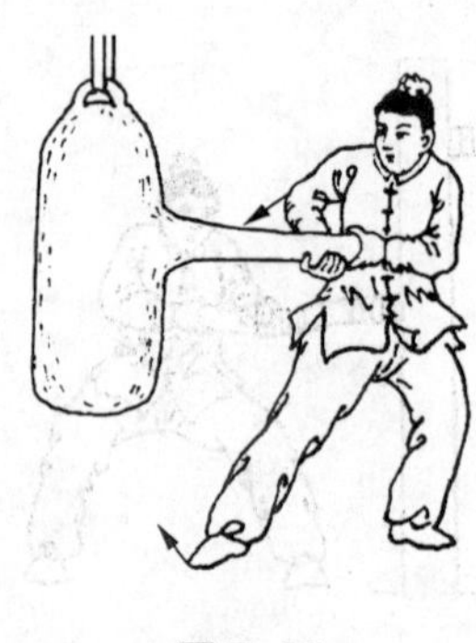
圖 7-30

圖 7-31

玄虛式避開袋臂端撞擊；同時，左手採按袋臂端上側，右手托抓袋臂端下側；目視袋臂。（圖 7-30）

圖 7-32

③雙手扣抓住袋臂端後，即以手部皮膚和心法意念感知袋臂迴旋左擺的左橫衝力，雙手同時迅速逆時針向左下猛力旋擰袋臂，右臂屈疊，向左前猛力橫擊袋臂肘關節處，身勢左轉下沉成騎馬式以助發力，以此訓練順借左橫衝力擰捩疊肘發力的動感及合力感；目隨視袋臂。（圖 7-31）

④左手繼續用力向左下擰捩袋臂，身體隨勢左轉下沉；右拳同時上擺外旋，以右臂外側為力點向前下猛力砸壓袋臂肘關節處；右腿隨之蹬伸成左開弓式以助發力，以此訓練擰捩壓肘順勢借力的動感及合力感；目視袋臂。（圖 7-32）

圖 7-33

圖 7-34

3. 試招之一

①我與歹徒對峙中。若探知敵屬進攻型拳手，我則採取因勢施法，借力打力之術制住敵方。當敵以左格鬥式逼近我，尋機搶攻；我速撤左腳，以右高姿玄虛式對敵；左臂略屈前伸立掌護住頭面，右臂略屈前伸仰掌護住襠、腹，故意暴露中盤空位誘敵來攻；目視敵攻防手。（圖 7-33）

②若敵認為我中盤有空可擊，滑步突進中以右拳晃擊我頭面，左拳乘勢直擊我中盤空位；我則身、步速後移右閃成右低姿玄虛式，避開敵右拳晃擊路線，並使敵左拳擊空落於身前；同時，左手順敵拳沖勢，迅速採按於敵左腕上側，右手上起，托抓於敵左腕下側，兩手於捌帶中控制住敵左臂；目視敵左臂。（圖 7-34）

③我迅速由手部皮膚和心法意念感知敵拳前衝勁力的大小、方向及變化。當感知出敵拳前衝力已變為左橫掙力時，兩手即扣緊敵左腕關節，逆時針向左下猛力擰捌，右

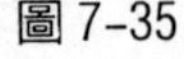
圖 7-35

圖 7-36

臂隨即屈疊，以肘外側為力點猛力向左前橫擊敵左肘關節；身、腰同時左轉，右腳隨之向右後滑蹬敵鄰近腿，以騎馬式助增發力，順借敵左橫掙力及擰拐疊肘抵蹬之合力致敵腕、肘折傷而仆身前倒；目視敵左臂。（圖 7-35）

④若擰拐疊肘未能致敵重傷倒地，我左手繼續用力擰疊壓住敵左臂，身體迅速左轉，右腳隨轉身向右後滑蹬敵左腿內側；同時，右肘猛力頂壓敵左肘外側，迫使敵護痛而仆身跪倒，右膝蓋隨即跪頂住敵左膝外後側，致使敵肘、膝關節損傷而失去反抗能力；目視敵左肘（圖 7-36）若敵仍然反抗，我則速以右掌猛力砍擊敵脖頸，致使敵頸椎折傷而降服。

【要點】

設空誘敵要於有準備中把握好引進敵手落空的時機，兩手採按托抓敵攻勢手時要順勢牽帶敵重心，運勁發力要深沉，意、氣、力運集於兩手十指。騎馬擰腕疊肘要順借敵掙勢發力，協調一致，運勁發力要猛烈，意、氣、力運集於兩手十指及右肘外側。

轉身滑蹬擰腕壓肘要上下協調，一致到位，跪膝要順

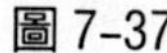
圖 7-37

圖 7-38

借轉體沉身之勢發力，運勁發力要猛烈深沉，意、氣、力運集於兩手、右肘外側及右膝蓋。

右掌砍頸運勁發力要迅猛，意、氣、力運集於右掌外側。連續砍擊，直至將敵制服。

4. 試招之二

①我與歹徒對峙中。若敵以右格鬥式滑步突進，左拳砸壓我前鋒手，右拳同時攻擊我中盤空位；我撤步右閃，以右低姿玄虛式避敵拳鋒芒，當敵拳擊空落於胸前時，兩手即左採右托抓住敵右腕、臂，順敵拳沖勢向左下牽動敵重心；目視敵右臂。（圖 7-37）

②我雙手抓帶住敵腕臂後，即由手部皮膚和心法意念感知敵拳前擊路線、勁力大小、方向及變化。當感知出敵拳已變前衝力為左橫掙力時，身體即左轉，左手隨勢外旋，順敵拳掙勢向左下擰拉敵右腕，右手同時內旋，向左下擰捌敵右腕，右臂隨即迅猛疊壓敵右肘關節，右腳隨之向右後滑移，以騎馬式抵住敵鄰近腿，迫使敵右臂外旋傾身而無法連擊左拳；目視敵右臂。（圖 7-38）

③我不容敵緩勢解脫，身體迅速左轉，兩手繼續用力向左下捌壓敵右臂之同時，右腿隨身體左轉之勢向右後滑蹬敵右腿外側成左開弓式；右拳乘勢猛力反拳砸壓敵肩關節或頭面，迫使敵在上擰砸下滑蹬之合力作用下左轉仰身而失衡後倒；目視敵上盤。（圖 7–39）

圖 7–39

④敵仰跌之後，若繼續反抗，我則迅速蹲身前俯，以右膝猛力跪頂敵襠、腹或胸、肋空位；左手同時繼續用力擰拉住敵右腕，右手隨跪頂變八字掌，迅猛卡掐敵咽喉，致使敵胸肋骨斷折，內臟受創傷，呼吸道、頸動脈及迷走神經受壓擠而窒息昏暈，喪失反抗能力；目視敵頸。（圖 7–40）

圖 7–40

【要點】

上述分解動作要上下協調，連貫完成。閃身採托抓腕要把握好引進落空和順勢牽帶的時機，運勁發力要深沉，意、氣、力運集於兩手十指。擰腕疊肘要充分利用敵左橫掙勢發勁形成合力，運勁發力要猛烈，意、氣、力運集於兩手及右臂外側。

轉身跪肋掐喉要順借疊肘之勢以螺旋力致敵仰跌，運勁發力要猛烈深沉，意、氣、力運集於右膝及右手五指。

連續跪頂，直至敵降服。

左式借中盤左橫掙力疊壓敵攻勢手臂制敵之技法訓練、樁功訓練、試招和要點可以參考上述，惟左右動作相反。

三、借中盤右橫力格掛制敵術

借中盤右橫力格掛制敵術是武當玄真拳借力制敵術之技法。實戰對敵中，以中盤空位誘敵手攻入，於有備防守中採抓敵攻勢手，由手部皮膚和心法意念感知敵拳前衝勁力的大小、方向及其變化，當感知出敵手臂向右橫掙時，即順借敵右橫掙力格掛後發制敵。

圖 7-41

1. 技法訓練

①由站立式起。左腳撤步，上身後移，兩腿略屈後坐成右高姿玄虛式；左臂略屈，立掌前伸，置於面前，掌心向前，右手仰掌置於右腰前，掌指向前，功力運達兩掌；目視右前方。（圖 7-41）

圖 7-42

②身步後移右閃成右低姿玄虛式；同時，右手仰掌向身前托起，左手向身前捋按於右手後側，兩手合力扣緊，功力運達兩手十指；目視雙手。（圖 7-42）

圖 7-43

圖 7-44

③身體右轉前移；同時，左手用力向前上內旋擰拎，右前臂隨之屈肘立臂內旋，向右猛力橫格，右腳隨之向左前滑抵，功力運達左手五指及右前臂外側；目隨視右臂。（圖 7-43）

④上身繼續右轉；同時，左手五指扣緊，右臂用力向右下扣壓，右腳隨之向左前勾套上掛，左腿略屈撐穩，以腰胯扭擺帶動扣壓和勾掛發力，功力運達右臂外側及右腳踝前內側；目視右臂。（圖 7-44）

2. 樁功訓練

(1) 木樁功

①面對木樁站立。左腳撤步成右高玄虛式；左手立掌前上舉護面，右手仰掌前下伸護腰，使樁臂端置於胸、腹前（活木樁中盤手臂的肩關節和肘關節處均為強力彈簧連接），寧神靜氣，運動功力於兩掌；目視樁臂。（圖 7-45）

②左腳速向左後撤步成右低玄虛式；同時，左手向前

圖 7-45

圖 7-46

下捋按樁臂，五指扣抓住樁臂端，右手上托樁臂，五指於左手前扣抓住樁臂，兩手合力向左後拉拽樁臂，功力運達兩手十指；目視樁臂端。（圖 7-46）

圖 7-47

③身、步速前移上起；左手用力向前上內旋擰拎樁臂，同時以右前臂外側猛力向右上橫格樁臂肘關節處，功力運達左手五指及右前臂外側。以此訓練右橫格發力的深沉感和抗衡感覺。目視樁臂肘關節處（圖 7-47）。

身腰右轉之同時，右臂用力向右下扣壓袋臂，右腳用力向左前勾掛樁根。

④兩手左擰右格樁臂後，右手即順回捋之勢換抓住樁臂端；左腳同時上步，身腰右轉成左開弓式；左手乘上步轉身之勢握拳屈肘立臂左擺，再內旋用力橫格樁臂肘關節處，功力運達右手五指及左前臂外側。以此訓練左肘臂右橫格發

圖 7-48

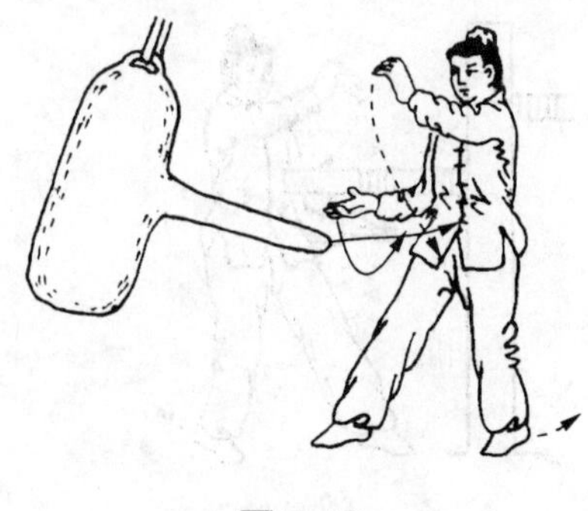
圖 7-49

力的深沉感和抗衡感覺。目視樁臂肘關節處（圖 7-48）。

(2) 吊袋功

①雙手推動吊袋，吊袋一側連接一隻平舉手臂，使吊袋手臂略帶逆時針旋轉向身前回擺；同時，左腳撤步，以右高姿玄虛式對袋，兩手左上右下護住頭面和腰肋，迅速運功於兩掌；目視袋臂回擺。（圖 7-49）

②當袋臂回擺至身前時，速撤左腳右閃身，以右低姿玄虛式避讓樁臂端；同時，左手順勢捋帶抓握住袋臂端，右手托帶於左手前抓住袋臂，運功於兩掌十指；目視袋臂。（圖 7-50）

③雙手抓緊袋臂端，順借袋臂右轉回擺之力，左手速向右前內旋翻擰袋臂端，同時以右前臂外側猛力向右橫格袋臂肘關節處，迅速運功於左手五指及右前臂外側；目視袋臂肘關節處（圖 7-51）。身腰右

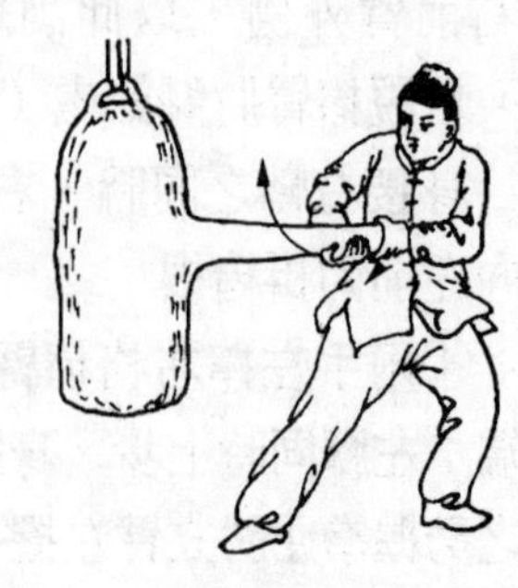
圖 7-50

圖 7-51

圖 7-52

轉，右腳向左前勾掛之同時，右臂用力向右下扣壓袋臂。以此訓練右橫格順勢借力的動感及合力感覺。

④右手乘格壓袋臂之勢回捋換抓住袋臂端；同時，右腳向右收移，左腳向右前上步成左開弓式；左臂乘勢順借袋臂右轉回擺之力，以左前臂外側猛力向右橫格袋臂肘或肩關節處，功力運達左前臂外側及右手五指；目視袋臂。（圖 7-52）

3. 試招之一

①我與歹徒對峙中。若敵以左格鬥式逼近我，先手搶攻；我速撤左腳，以右高姿玄虛式對敵，左手上舉護住上盤，右手前伸護住下盤，設中、上盤空位誘敵入扣；目視敵攻防手。（圖 7-53）

圖 7-53

圖 7-54

圖 7-55

②當敵搶步突進，右拳虛擊，左拳乘勢勾擊我心窩；我速撤步右閃身，以右低姿玄虛式避讓敵拳，使敵拳擊空於身前；同時以左手捋帶，右手托帶，合力抓住敵左腕、臂，牽動敵重心前傾；目視敵左腕。（圖 7-54）

③我抓帶住敵左腕後，即由手部皮膚和心法意念感知敵拳前擊路線、勁力大小、方向及變化。當感知出敵拳已變前衝力為右橫掙力之時，即順借敵右橫掙力，以左手向右上用力內旋翻擰敵左腕，迫使敵左臂外旋，同時，右臂速上起，以前臂外側猛力向右上橫格敵左肘關節，致使敵肘、腕折傷，右腳勾套住敵前鋒腿；目視敵左臂。（圖 7-55）

④我右手順借右橫格之力和敵手臂右掙之勢，用力向右下扣抓按壓敵左肩井、鎖骨及左臂；右腳同時向左前勾掛敵前鋒腿，迫使敵肩、肘關節損傷而護痛側倒；目視敵中、上盤（圖 7-56）。隨即以聯手技法將敵制服。

【要點】

左捋右托、翻擰橫格、抓按勾掛要上下協調，連貫完

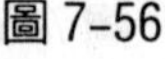

圖 7-57

成。兩手左捋右托要協調一致，運勁發力要柔順深沉，意、氣、力運集於兩掌十指。

翻擰敵腕與橫格敵肘要同時到位，翻擰運勁發力要猛烈深沉，橫格運勁發力要充沛剛猛，意、氣、力運集於左手五指及右前臂外側。抓按肩與勾掛腿要同時到位，運勁發力要猛烈深沉，意、氣、力運集於兩手十指、右臂外側及右腳踝前內側。

4. 試招之二

①我與歹徒對峙中。若敵以右格鬥式逼近我，尋機搶攻；我身、步撤移，以右高姿玄虛式對敵，設中盤空位誘敵手攻入；當敵滑步突進，左拳虛擊，右拳直擊入我中盤空位；我左腳速撤步，以右低姿玄虛式避敵攻勢，身勢右閃左轉中使敵拳擊空落於胸、腹前；同時，速以左手捋帶敵右臂上側，右手托抓住敵右腕下側，兩手協力牽動敵重心前傾；目視敵右臂。（圖 7-57）

②我牽動敵右腕、臂之同時，即由手部皮膚和心法意

圖 7-58

圖 7-59

念感知敵拳前擊路線、勁力大小、方向及變化。當感知出敵拳已變前衝力為向我右側橫掙力時，即順借敵掙力，左手用力內旋，向前上翻擰敵右腕，同時右臂速內旋左上起，向右猛力磕格敵右肘關節，右腳勾套住敵前鋒腿，身、腰前移右轉助增發力，致使敵肘、臂斷折而失衡仰跌；目視敵右臂。（圖 7-58）

③若敵及時屈肘化解我磕格手，我則身、腰速右轉，同時右手乘回捋之勢換抓住敵右腕用力向右擰拉，左手鬆開敵右腕左前伸，俯掌橫砍敵脖頸或右太陽穴，致使敵脖頸或面部受重創而攻守失調；目視敵頭頸。（圖 7-59）

④我乘敵護痛失調，左腳速向前上步，以左開弓式抵住敵前鋒腿；同時，右手用力向右下擰拉敵右腕，左手五指抓捏住

圖 7-60

敵右肩井及鎖骨猛力向前下摳按，使敵肩、臂損傷。我身腰隨勢右轉，左腳向左後用力滑蹬敵鄰近腿，使敵護痛而仆身前倒；目視敵右肩（圖 7-60）。

若敵繼續反抗，我即用連環招法重擊敵要害空位，直至敵降服。

【要點】

上述分解動作要上下協調，連貫完成。兩手左捋右托要協調一致，運勁發力要柔順深沉，意、氣、力運集於兩掌十指。翻擰敵腕、磕格敵肘與勾掛腿要同時到位，翻擰與勾掛運勁發力要猛烈深沉，磕格運勁發力要充沛剛猛，意、氣、力運集於左手五指、右前臂外側及右腳踝前內側。

擰拉敵腕運勁發力要猛烈深沉，橫砍敵脖頸運勁發力要充沛迅猛，意、氣、力運集於右手五指及左掌根外側。擰拉腕、抓按肩與滑蹬腿要同時到位，運勁發力要猛烈深沉，意、氣、力運集於兩手十指及左腳踝外側。

借中盤左橫掙力格掛制敵術之技法訓練、樁功訓練和試招運用可以參考上述技法訓練、樁功訓練和試招運用，惟左右動作相反。

四、借中盤後掙力崩按制敵術

借中盤後掙力崩按制敵術是武當玄真拳借力制敵術之技法，當敵先手攻入我中盤空位，我即於有備防守中控制敵攻勢手，透過手部皮膚和心法意念感知敵拳前衝勁力的大小、方向及其變化。當感知出敵手臂已向後掙時，即順

圖 7-61

圖 7-62

借敵後掙力崩按後發制敵。

1. 技法訓練

圖 7-63

①由站立式起。左腳撤步，上身後移，兩腿略屈後坐成右高姿玄虛式；左臂略屈，立掌前伸，置於面前，掌心向前，右手仰掌置於右腰側，掌指向前，功力運達兩掌；目視右前方。（圖 7-61）

②身步後移右閃成右低姿玄虛式；同時，右手仰掌向身前托起，左手向身前捋按於右手後側，兩手合力扣緊，功力運達兩手十指；目視雙手。（圖 7-62）

③身體右轉前移；同時，左手用力向前上內旋擰拎，右臂屈肘，平臂向前上用力磕架；兩臂高約與肩平，功力運達左手五指及右前臂外側；目視右臂。（圖 7-63）

④身、步速前移成右開弓式；同時，右拳外旋，向前上猛力崩打，左手五指扣緊，隨即右拳略回收變立掌，猛

力向前推按，左拳同時向前用力抖推，功力運達左手五指、右拳背轉至兩掌根；目視右手。（圖 7-64）

圖 7-64

2. 樁功訓練

(1) 木樁功

①面對木樁站立。左腳撤步成右高姿玄虛式；左手立掌前上舉護面，右手仰掌前下伸護腰，使樁臂端置於胸、腹前（活木樁中盤手臂的肩關節和肘關節處均為強力彈簧連接），寧神靜氣，運動功力於兩掌；目視樁臂。（圖 7-65）

②左腳速向左後撤步成右低姿玄虛式；同時，左手向前下捋按樁臂，兩手合力向左後拉拽樁臂，功力運達兩手十指；目視樁臂端。（圖 7-66）

圖 7-65

圖 7-66

圖 7-67

圖 7-68

③身體右轉前移，左手用力向前上內旋擰拎樁臂端之同時，右臂屈肘平臂向前上用力磕架樁臂肘關節處，功力運達左手五指及右前臂外側；目視樁臂（圖 7-67）。

隨即右拳猛力崩打樁柱頭部，再猛力推按樁柱上部；左手同時抖推樁臂端；功力運達右拳背轉至兩掌根；以此訓練崩架推按發力的深沉感和抗衡感覺。

④兩手左擰右崩樁臂後，右手即順收勢向右前用力捋推樁臂肘關節處；同時，左腳上步套抵住樁柱根，左肘乘勢猛力頂撞樁柱腋肋處，功力運達右掌五指及左肘尖。以此訓練頂肘發力的猛烈深沉感和抗衡感覺；目視樁柱。（圖 7-68）

(2) 吊袋功

①雙手推動吊袋，吊袋一側連接一隻平舉手臂，使吊袋手臂端向身前回擺；同時，左腳撤步，以右高姿玄虛式對袋，兩手左上右下護住頭面和腰肋，迅速運功於兩掌；目視袋臂回擺。（圖 7-69）

②當袋臂回擺至身前時，速撤左腳右閃身，以右低姿

圖 7-69

圖 7-70

玄虛式避讓袋臂端，同時以左手捋帶抓握住袋臂端，右手托帶於左手前抓握住袋臂，運功於兩掌心；目視袋臂。（圖 7-70）

③雙手抓緊袋臂端，順借袋臂後擺之力，左手迅速向前、向上內旋擰拎袋臂端，右前臂內旋，猛力向前上磕架袋臂肘關節處，迅速運功於左手五指及右前臂外側；目視袋臂（圖 7-71）。

圖 7-71

身、步速前移，右拳同時猛力崩打吊袋上部，隨即收拳變掌，猛力推按吊袋中部，左手同時抖推袋臂端，功力運達右拳背轉至兩掌根。以此訓練借後掙力崩按發力的動感及合力感覺。

④兩手左擰右崩袋臂後，右手即順回收之勢向右前捋推袋臂肘關節處，同時左腳向前上步成左開弓式；兩掌順

借袋臂回擺之力猛力推按袋胸肋處，功力運達兩掌根及掌外緣。以此訓練推按掌順勢借力的動感及合力感覺；目隨袋臂轉視袋中部。（圖7-72）

圖 7-72

3.試招之一

①我與歹徒對峙中。若敵以左格鬥式逼近我，先手搶攻；我速撤左腳，以右高姿玄虛式對敵，左手上舉護住上盤，右手前伸護住下盤，設中盤空位誘敵入扣；目視敵攻防手。（圖 7-73）

②敵搶步突進，右拳虛擊，左拳乘勢直擊我中盤空位；我速撤步右閃身，以右低姿玄虛式避讓敵拳，使敵拳擊空於身前，同時以左手捋帶，右手托帶，合力抓住敵左腕、臂，牽動敵重心前傾；目視敵左腕。（圖 7-74）

③我抓帶住敵左腕後，即由手部皮膚和心法意念感知敵拳前擊路線、勁力大小、方向及變化。當感知出敵拳已變前衝力為後掙力時，即順借敵後掙力，以左手向右上用力內旋擰拎敵左腕，同時右前臂內旋，猛力向前上磕架敵左肘關節，致使敵肘、腕折傷；目視敵左肘。（圖 7-75）

④我順借敵後掙力和磕架之勢，身、步速前移，以右開弓式抵住敵左膝外後側，右拳同時迅猛崩打敵頭面，乘敵上身後仰之際，右拳速回收變掌，猛力推按敵心窩，左手同時用力抖推敵左腕，致使敵上盤要害連受重擊失衡仰

圖 7–73 圖 7–74

圖 7–75 圖 7–76

跌而降服；目視敵中、上盤。（圖 7–76）

【要點】

左捋右托、擰拎磕架、崩打頭面、抖推心窩要協調連貫。兩手左捋右托敵腕、肘要協調一致，運勁發力要柔順深沉，意、氣、力運集於兩掌十指。

擰拎敵腕與磕架敵肘要同時到位，擰拎運勁發力要猛烈深沉，磕架運勁發力要充沛剛猛，意、氣、力運集於左手五指及右前臂外側。崩打敵頭面運勁發力要迅猛剛脆，

圖 7–77

圖 7–78

抖推敵心窩運勁發力要猛烈深沉，意、氣、力運至右拳背轉至兩掌根。

4.試招之二

①我與歹徒對峙中。若敵以右格鬥式逼近我，尋機搶攻；我身、步撤移，以右高姿玄虛式對敵，設中盤空位誘敵手攻入。當敵滑步突進，左拳虛晃中出右拳直擊我中盤空位；我左腳速撤移步，以右低姿玄虛式避敵攻勢，身腰右閃左轉中使敵右拳擊空落於胸、腹前；同時，速以左手捋帶敵右臂上側，右手托抓住敵右臂下側，兩手協力牽動敵重心前傾；目視敵右臂。（圖 7–77）

②我牽帶敵右臂之同時，即由手部皮膚和心法意念感知敵拳前擊路線、勁力大小、方向及變化。當感知出敵拳已變前衝力為後掙力時，即順借敵後掙力，以左手用力外旋向前上翻擰敵右腕，同時右臂速內旋上起，以右前臂外側猛力向前上崩磕敵右肘關節，右腳隨之勾套住敵前鋒

圖 7-79

圖 7-80

腿，身勢前移以助發力，致使敵肘、臂斷折而失衡仰跌；目視敵右臂。（圖 7-78）

③若敵右腳及時撤步擺脫我勾套腳，屈肘後掙抗衡我崩磕力；我左腳速上步跟進抵住敵前鋒腿；同時，右手乘回捋之勢換抓住敵右腕用力向右上擰拉，左肘乘進步和敵後掙之勢，猛力盤頂敵右腋，使敵腋肋骨折傷，內臟受重創而喪失攻防能力；目視敵中、上盤。（圖 7-79）

④若敵右腋被頂，必躬身護痛而全力後掙，我順敵後掙之勢，身、步前移，以左開弓式抵住敵前鋒腿；雙手同時變掌，猛力推擊敵心窩及腋肋要位，致使敵內臟受創傷，在我推擊力及彼後掙力的合力作用下而仰身跌出；目視敵中、上盤。（圖 7-80）

【要點】

左捋右托、翻擰崩磕、擰拉盤頂、抖推心窩要協調連貫。兩手左捋右托敵腕要協調一致，運勁發力要柔順深沉，意、氣、力運集於兩掌十指。翻擰敵腕與崩磕敵肘要同時到位，翻擰運勁發力要猛烈深沉，崩磕運勁發力要迅猛剛脆，意、氣、力運集於左手五指及右前臂外側。

擰拉運勁發力要深沉，盤頂運勁發力要猛烈，意、氣、力運集於右手五指及左肘尖。雙推掌與滑蹬腿要同時到位，運勁發力要猛烈深沉，意、氣、力運集於兩掌根、掌外側及左腳踝外後側。

左式借中盤後掙力崩按制敵術之技法訓練、樁功訓練和試招運用可參考上述技法訓練、樁功訓練和試招運用，惟左右動作相反。

第八章 武當玄真拳借上盤力實用制敵術

武當玄真拳借上盤力制敵術屬於道家武技中借力制敵之上乘功法。武當玄真拳借上盤力制敵術的功法可以由單操、聽勁、動功、試招、變式等技法練起，逐步提高深化。這一功法訓練主要針對攻防變式中可能出現的前衝力、內掙力、外掙力、後掙力、下掙力、上掙力六種明力變化，再由各種明力變化的大小、方向及趨勢演化其相應的制敵技法，使自身能應變而不亂，因勢而施招，因力而合發，制敵於變化之中。

武當玄真拳借上盤力制敵術，僅選取玄真拳中的玄虛式上盤開合手 式作為設上盤空位誘敵入扣之技法。在敵手攻入時，於有備防守中移步閃身引敵手落空，同時以採托抖挫手法折傷敵攻勢手肘臂，再順敵身勢、勁力之變化施招制敵，直至敵喪失反抗能力而降服。

功法訓練過程中，首先訓練單操技法，由玄虛式開合手練起，熟練掌握於移步閃身中控制敵攻勢手，熟練掌握在敵可能出現的六種明力變化中隨機應變，因勢施招之技法。

其次是訓練抗衡感覺，施力制敵時，敵不會乖乖順我力而動，而是盡力抵掙，與我所施之力抗衡以求解脫。訓練時採取彈性木樁手臂體會抗衡感覺，所施力越大，其彈性恢復力就越大，內勁也隨之增加，至施力限度時再隨彈性恢復力而變。

其三是訓練隨動感覺，與敵搭手中，敵身勢和勁力會不斷變化，我及時感知並能隨動施招，是後發制敵之關鍵。可以由吊袋及吊袋手臂初級訓練順勢借力之動功，由吊袋手臂的擺動變化體會隨動感覺。

其四是訓練試招及變式的實戰功法，由二人合練或交手中控制彼左右攻勢手，在感知彼六種明力變化中隨彼而動，借力合發而將彼制服。

一、借上盤前衝力扛摔制敵術

借上盤前衝力扛摔制敵術是武當玄真拳借力制敵術之技法。我與敵對峙中，以靜制動，設上盤空位誘敵手攻入，當敵手攻入我上盤空位時，我即於閃避中採托敵腕肘，搭手後，即通過手部皮膚和心法意念感知出敵手前沖攻勢勁力大小、方向及其變化，再順勢借力牽動敵重心，以合力扛摔制敵倒地，以聯手技法制敵降服。

1. 技法訓練

①由併步站立式起。左腳撤步，兩腿略屈後坐成右高姿玄虛式；左臂略屈，立掌前伸，置於面前，掌心向前，右手仰掌前伸於右腰前，掌指向前，成右開合守式；目視右前方。（圖 8-1）

圖 8-1

圖 8-2

圖 8-3

圖 8-4

②身、步後移右閃成右低姿玄虛式；同時，右手仰掌向身前托起，左手向身前採按於右掌後側，兩手合力抓緊，高約與肩平，功力運達兩手十指；目視雙手。（圖 8-2）

③身體左後轉，右腳向前上步，身勢略沉；同時，左手經右肩上側向前拉帶，右手向右肩拉拽，隨即向下後弧形撩打抓捏，高約與襠、腹平，功力運達兩手十指；目視右後方。（圖 8-3）

④身體左轉前俯，臀部隨之用力上拱；同時，右手向右肩前抓握，與左手一起用力向前下拉拽，功力運達兩手、臀部及右肩；目視雙手。（圖 8-4）

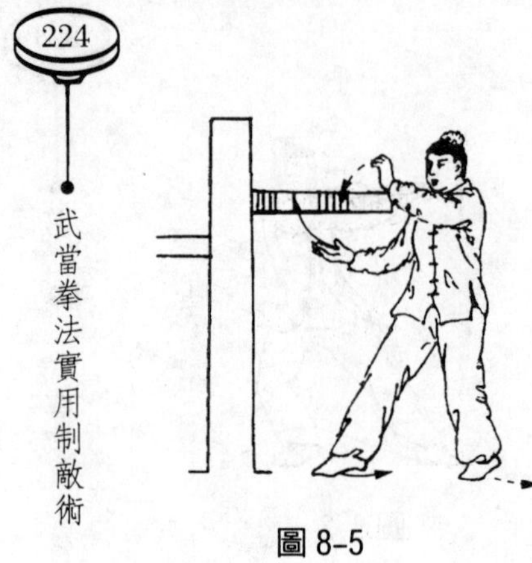
圖 8-5

圖 8-6

2. 樁功訓練

(1) 木樁功

①面對木樁，以右高姿玄虛式站立；左手前上舉護面，右手仰掌前下伸護腰，使樁臂端置於右肩前（活木樁上盤手臂關節處均為強力彈簧連接），心意寧靜，氣沉丹田，運動功力於兩掌；目視樁臂。（圖 8-5）

②左腳速向左後撤步成右低姿玄虛式對樁；同時，左手向下採按住樁臂端上側，右手向上托抓住樁臂肘關節下側，注意體會折帶發力的深沉感及抗衡感；運動功力於兩手十指；目視樁臂。（圖 8-6）

③身體左轉，右腳內扣，左腳隨之向後插步；同時，右手滑握於左手虎口前，兩手合力拉拽樁臂，使右肩扛頂於樁臂肘關節下側，右手隨即向後下撩拍抓捏樁柱，注意體會拉拽扛頂發力的深沉感及抗衡感；運動功力於兩手十指；目視樁臂。（圖 8-7）

④身體繼續左轉；右手上起，抓握樁臂於左手虎口

圖 8-7

圖 8-8

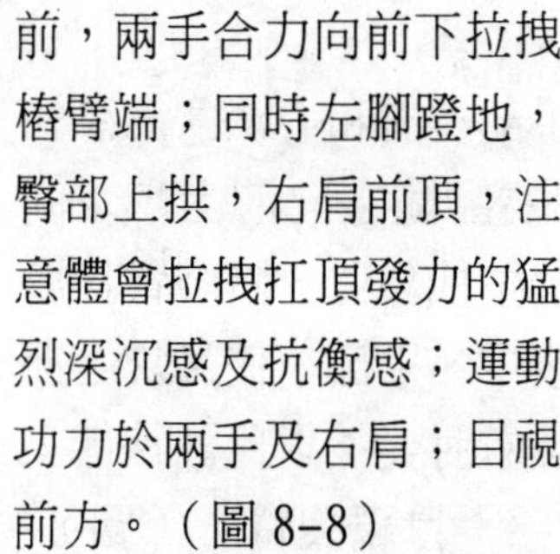

前，兩手合力向前下拉拽椿臂端；同時左腳蹬地，臀部上拱，右肩前頂，注意體會拉拽扛頂發力的猛烈深沉感及抗衡感；運動功力於兩手及右肩；目視前方。（圖 8-8）

圖 8-9

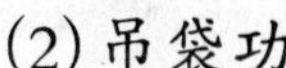

(2) 吊袋功

①雙手推動吊袋，吊袋的一側連接一條平舉手臂，使吊袋手臂向肩前回擺；同時，左腳撤步，以右高姿玄虛式對袋臂，兩手左上右下以開合手護住頭面和腰肋，迅速運功於兩掌；目視袋臂回擺。（圖 8-9）

②當袋臂回擺至右肩前時，迅速移步右閃身，以右低姿玄虛式避開袋臂端撞擊；同時，左手採按袋臂端上側，右手托抓袋臂肘關節下側，功力運達兩手十指；目視袋臂。（圖 8-10）

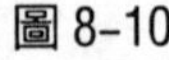
圖 8-10

圖 8-11

③雙手扣抓住袋臂後，即以手部皮膚和心法意念感知袋臂回擺的前衝力，身體左轉，右腳隨之向前上步；同時，雙手順借袋臂的回擺衝力向前拉拽袋臂，將袋臂扛於右肩之上，右肘隨即用力後頂吊袋中、下部，使吊袋上部傾貼於後背，功力運達兩手十指及右肘尖；以此訓練借上盤前衝力拉扛頂肘的動感及合力感；目視袋臂。（圖 8-11）

④身體繼續左轉；右手隨之抓握袋臂於左手虎口前，與左手一起合力向前下拉拽扛甩；同時左腳蹬地，臀部上拱吊袋，右肩俯身前頂袋臂，將吊袋由背後扛甩於身前，功力運達兩手十指、臂背及右肩，以此訓練借上盤前衝力扛摔發力的動感及合力感；目視吊袋。（圖 8-12）

圖 8-12

圖 8-13

圖 8-14

3.試招之一

①我與歹徒對峙中。若探知敵力大勢猛，屬於硬打硬衝型對手，我注意採取順勢施法、借力制敵之術克敵制勝。當敵以右格鬥式逼近我，尋機搶攻；我速撤左腳，以右高姿玄虛式對敵，左臂略屈，前伸立掌護住側面，右臂略屈前伸，仰掌護住腹肋，故意露出上盤正面空位誘敵來攻；目視敵攻防手。（圖 8-13）

②若敵見我上盤防守露空，滑步突進中以左手撥按我防護手，右拳直擊我上盤空位；我於有備閃避中以右低姿玄虛式讓過敵拳鋒，使敵拳落空於我右肩前；同時，左手順敵拳沖勢迅速採按敵右腕上側，右手上托抓住敵右肘外側，兩手於牽帶中控制住敵攻勢手；目視敵右臂。（圖 8-14）

③我在牽帶中速由手部皮膚和心法意念感知敵拳前衝勁力的大小、方向及其變化。當感知出敵拳前衝勁力較大、足以牽動其重心時，兩手即扣緊敵右腕、肘，順敵拳

圖 8-15

圖 8-16

沖勢用力向左前拉拽；同時左轉身上右步，迫使敵前衝跟進，隨即沉身，將敵右肘扛於右肩之上，右手順勢向後下撩拍敵襠部，撩中後即用力抓捏；目視敵上盤。（圖 8-15）

④敵右腕被拉拽，襠部被撩抓，必護痛弓腰而無暇解脫，我則迅速沉身貼住敵前體，上身左轉前俯；同時，左手用力向前下拉拽敵右腕，右手用力向上抓提敵襠部，臀部上拱敵腹肋，將敵背起，猛力摜甩仰摔於身前，雙手繼續控制敵右腕，以防敵反抗；敵若反抗，則以連環腳或膝法將其制服；目視敵身。（圖 8-16）

【要點】

兩手採按托抓中要順敵拳沖勢牽動敵重心，當感知出敵前沖慣性較大時，即突發拉拽力，利用敵前沖慣性和我拉拽之合力迫使敵前衝失衡，兩臂運勁發力要猛烈深沉，意、氣、力運集於兩手十指。上步轉身扛臂與撩襠抓陰要協調完成，撩拍運勁發力要迅疾，抓捏運勁發力要深沉，意、氣、力運集於兩手十指。轉體俯身與拽腕提襠要上下

圖 8-17

圖 8-18

協同，一致到位，扛甩相合，一氣呵成，運勁發力要猛烈深沉，意、氣、力運集於兩手十指及臀部和右肩，致使敵腕、肘、襠部損傷，腰背、內臟受創而喪失反抗能力。

4. 試招之二

①我與歹徒對峙中。若敵以左格鬥式滑步突進，右拳虛晃，出左拳直擊我頭面；我速撤步右閃，以右低姿玄虛式避讓敵拳鋒芒，當敵拳擊空落於我右肩前時，兩手即以左採右托手法抓住敵左腕、肘，順隨敵拳沖勢向左前牽帶敵左腕、臂；目視敵左臂。（圖 8-17）

②我雙手牽帶敵腕、肘之同時，即由手部皮膚和心法意念感知敵拳前擊路線、勁力大小、方向及其變化。當感知出敵拳前衝力很大，可以牽動敵重心時，身體即左轉，兩手扣住敵腕、肘，順敵拳沖勢猛力向左前拉拽，當牽動敵身、步前移近身之時，速以右肘猛力頂撞敵左肋，迫使敵護痛而弓腰俯身；目視敵中、上盤。（圖 8-18）

③我乘敵前傾失調之機，右手迅速抓握敵左臂於左手

虎口前，將敵左肘扛於右肩之上，隨即身體速左轉前俯，雙手用力向前下拉拽敵左腕、臂，右肩用力向前扛頂敵左臂，右腳同時向右後滑蹬敵左腿以助發力，將敵於身背側扛起；目視敵上盤。（圖 8-19）

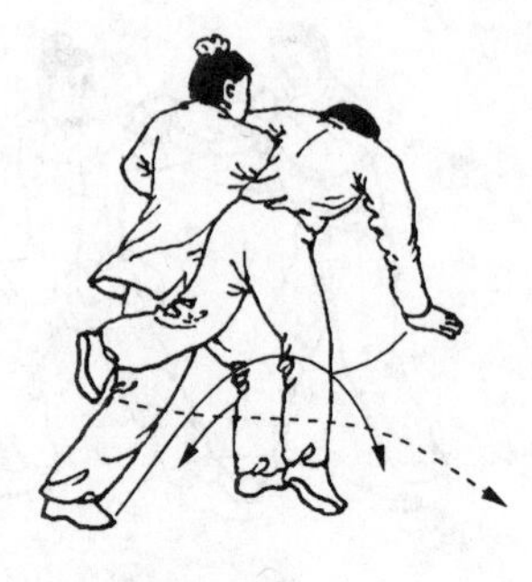

圖 8-19

④我上身前甩，將敵摜摔於地，雙手繼續抓控住敵左腕、臂，速起右腳猛力跺踩敵腰肋，致使敵腕、臂及腰肋損傷。右腳可以連續跺踩敵中、上盤，直至敵喪失反抗能力；目視敵中、上盤（圖 8-20）

圖 8-20

【要點】

閃身採托抓腕牽動敵重心要準確到位，拉拽要順勢借力運勁發力要深沉，意、氣、力運集於兩手十指。右肘要在牽動敵重心前移到位時頂撞敵腰肋，使敵護痛躬身而無法解脫左臂，運勁發力要剛猛，意、氣、力運集於右肘尖。拉拽扛摔要上下協調一致，運勁發力要猛烈深沉，意、氣、力運集於兩手十指、臂部、右肩及右腳踝外側。右腳跺踩運勁發力要猛烈深沉，意、氣、力運集於右腳跟。連續跺踩，直至敵降服。

左式借上盤前衝力扛摔制敵術之技法訓練、樁功訓練、試招和要點可以參考上述，惟左右動作相反。

二、借上盤內掙力托擰制敵術

借上盤內掙力托擰制敵術是武當玄真拳借力制敵術之技法。我與敵對峙中，設上盤空位，引敵入扣，後發制敵。當敵手攻入我上盤時，我即於閃避中採托抓住敵肘腕，搭手後，即由手部皮膚和心法意念感知出敵攻勢手勁力大小、方向及其變化，當其變前衝力為向我內側掙力時，即順勢借力，發力托肘擰腕，以雙方合力制敵倒地。

1.技法訓練

①由併步站立式起。左腳撤步，兩腿略屈後坐成右高姿玄虛式；左臂略屈，立掌前伸，置於面前，掌心向前，右掌仰伸於右腰前，掌指向前，成右開合守式；目視右前方。（圖 8-21）

圖 8-21

②身、步後移右閃成右低姿玄虛式；同時，右手仰掌向前托起，左手向身前採按於右掌後側，兩手合力抓緊，高約與肩平，功力運達兩手十指；目視雙手。（圖 8-22）

圖 8-22

③身體右轉前移，左腿蹬伸；同時，右手抓握用力向身前拉拽，左手用力向前上推舉，功

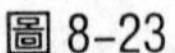

圖 8-23　　圖 8-24

力運達兩手十指；目視雙手。（圖 8-23）。

④身體左轉左移，右腿隨之右滑蹬伸；同時，左手用力向左腰側擰拉，右手用力內旋翻擰向左擰推，功力運達兩手十指及右腳踝外側；目隨視雙手。（圖 8-24）

2. 樁功訓練

(1) 木樁功

①面對木樁，以右高姿玄虛式站立；左立掌前上舉護面，右仰掌前下伸護腰，使樁臂端置於右肩前（活木樁上盤手臂關節處均為強力彈簧連接），運動功力於兩掌；目視樁臂。（圖 8-25）

②身、步速向左後撤移，以右低姿玄虛式對樁；同時，左手向下採按住樁臂端上側，右手向上托抓住樁臂肘關節下側，注意體會折帶發力的猛烈深沉感及抗衡感；運動功力於兩手十指；目視樁臂。（圖 8-26）

③左腿蹬伸，身體右轉前移；同時，左手抓住樁臂端，用力向左前上推舉，右手用力向右後拉拽樁臂肘關節處，注意體會托肘發力的深沉感和抗衡感；目視樁臂。

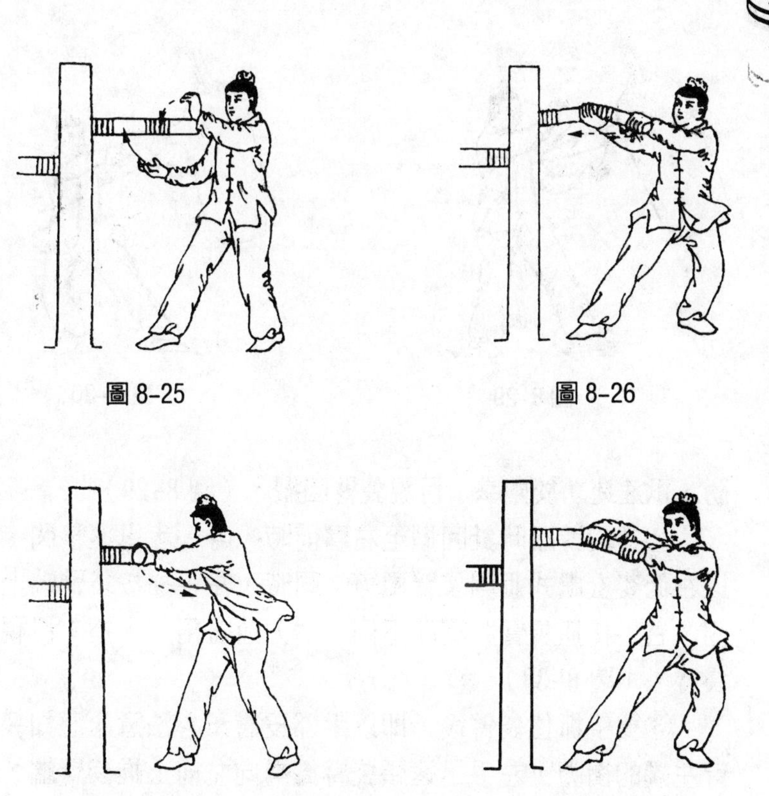
圖 8-25
圖 8-26
圖 8-27
圖 8-28

（圖 8-27）

④右腿蹬伸，身體左轉左移；同時，左手用力向左後擰拉樁臂端，右手內旋翻擰前推樁臂肘關節處，注意體會托肘擰腕發力的深沉感和抗衡感；目視樁臂。（圖 8-28）

(2) 吊袋功

①雙手推動吊袋（吊袋的一側連接一條平舉手臂），使吊袋手臂向右肩前順時針回擺；同時，左腳撤步，以右高姿玄虛式對袋臂；兩手左上右下以開合手護住頭面和腰

圖 8-29

圖 8-30

肋，迅速運功於兩掌；目視袋臂回擺。（圖 8-29）

②當袋臂順時針回擺至右肩前時，身、步迅速移閃，以右低姿玄虛式避開袋臂擺撞；同時，左手採按袋臂端上側，右手托抓袋臂肘關節下側，功力運達兩手十指；目視袋臂。（圖 8-30）

③雙手抓住袋臂後，即以手部皮膚和心法意念感知袋臂左擺的衝力，左手迅速順袋臂擺勢向左前上推袋臂端，右手用力向身前拉拽袋臂肘關節處；同時，身體右轉前移，左腿蹬伸以助發力，以此訓練借上盤內掙力托肘發力的動感及合力感；目隨視袋臂。（圖 8-31）

④左手繼續用力向左下擰拉袋臂端，右手向前內旋翻推袋臂肘關節處；同時右腿蹬伸，身體左轉左移以助發力，以此訓練借上盤內掙力擰腕推肘的動感及合力感；目隨視袋臂。（圖 8-32）

3. 試招之一

①我與歹徒對峙中。若敵以右格鬥式逼近我，尋機搶

圖 8-31

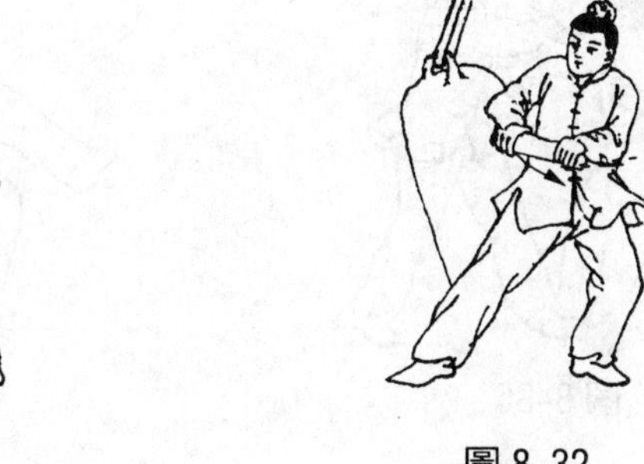

圖 8-32

圖 8-33

圖 8-34

攻；我速撤左腳，以右高姿玄虛式對敵，雙掌左上右下以開合手護住襠腹和頭面左側，引敵來攻上盤空位；目視敵攻防手。（圖 8-33）

②若敵滑步突進，左拳虛晃，出右拳直擊我上盤空位；我則身、步後移右閃成右低姿玄虛式，避讓敵拳擊路線，同時速落左手，順敵拳沖勢迅速採按敵右腕上側，右手上起，托抓住敵右肘下側，雙手合力反向抖折敵右肘、腕；目視敵右臂。（圖 8-34）

③我由手部皮膚和心法意念感知敵拳臂攻勢勁力的大

圖 8-35

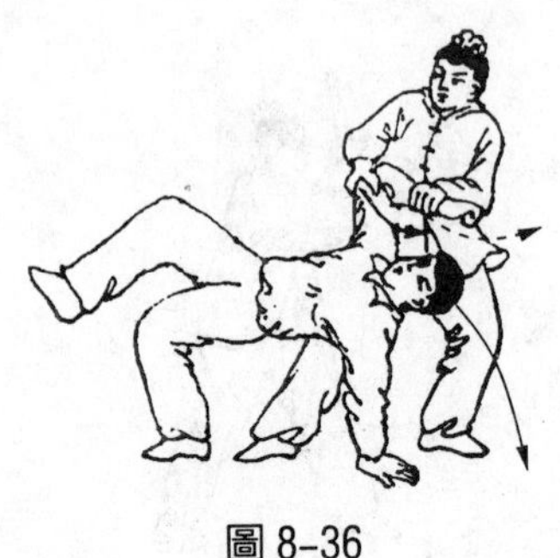
圖 8-36

小、方向及其變化。當感知出敵臂用力向我內側回掙時，即以兩手抓緊敵右肘、腕，利用左腿蹬伸、身腰右轉之勢發力，左手順敵掙勢掰推敵右腕，右手同時托拉敵右肘，迫使敵因反關節護痛而傾身失調；目視敵右臂。（圖 8-35）

④若敵移步轉身欲化解托肘之勢，我即右腿蹬伸，身腰左轉，左手順掰推之勢向左腰側用力內旋擰拉敵右腕，右手同時向前上內旋翻擰左推敵右肘關節，將敵右肘、腕扭傷，迫使敵因反關節擰扭護痛而翻身仰跌；目視敵右臂。（圖 8-36）

【要點】

後發制敵要具備應付突來攻勢和變式接招的功力。兩手採托中要於敵攻勢將盡時合力抖折敵攻勢肘、腕，運勁發力要剛脆，意、氣、力運集於兩手十指。

兩手托肘擰腕要順敵右臂外掙之勢發力，並與自身轉體、蹬腿形成合力，運勁發力要深沉，意、氣、力運集於兩手十指及右腳踝外側。敵肘臂傷折倒地後若仍反抗，我即以腳、膝重擊敵身，迫使其降服。

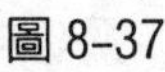
圖 8-37

圖 8-38

4. 試招之二

①我與歹徒對峙中。若敵以左格鬥式搶攻，出左拳直擊我上盤；我速移步閃身，以右低姿玄虛式避開敵拳鋒芒，同時以左上右下開合手採托抖折敵左肘、腕，致使敵左臂折傷；目視敵左臂。（圖 8-37）

②我雙手採托住敵左肘、腕後，即由手部皮膚和心法意念感知敵攻勢手勁力大小、方向及其變化。當感知出敵左臂向我內側屈掙時，我身腰迅速右轉，左腿蹬伸發力，左手順敵掙勢內旋推擰敵左腕，擋住其右拳攻勢，右手同時用力拉抬敵左肘，致敵攻守失勢；目視敵左臂。（圖 8-38）

③不容敵變式解脫，我身腰速左轉發力，右腳用力向右後滑蹬敵鄰近腿，同時，左手繼續內旋，用力向左下擰拉敵左腕，右手用力向身前擰推敵左肘外側，將敵肘、腕擰傷，迫使敵因反關節護痛而仆身前倒；目視敵左臂。（圖 8-39）

圖 8-39

圖 8-40

④若敵及時上步欲穩住身勢，我雙手繼續用力擰拉敵左肘、腕，同時速起右腳，猛力蹬踩敵鄰近腿膝關節，致使敵膝關節損傷而仆倒。若敵反抗，我則以踩肩折臂等技法將敵制服；目視敵身（圖 8-40）。

【要點】

轉身滑蹬、托肘擰臂要上下協同，連貫完成。抖折敵肘腕運勁發力要剛脆，托肘擰臂要順借敵掙力和自身蹬腿轉腰之勢協調發力，運勁發力要深沉，意、氣、力運集於兩手十指及右腳踝外側。右腳蹬踩運勁發力要猛烈，意、氣、力運集於右腳跟。手腳連續配合折臂踩身，直至敵降服。

左式借上盤內掙力托擰制敵術之技法訓練、樁功訓練、試招和要點可以參考上述，惟左右相反。

三、借上盤外掙力纏臂制敵術

借上盤外掙力纏臂制敵術是武當玄真拳借力制敵術之技法。我與敵對峙中，設上盤空位引敵入扣，後發制敵。

圖 8-41　　圖 8-42

圖 8-43

當敵手攻入我上盤空位時，我即於閃避中採托抓住敵肘、腕，搭手後，即由手部皮膚和心法意念感知出敵攻勢手勁力大小、方向及其變化。

當感知出其前衝力變為向我外側掙力時，即順勢借力，發力纏擰敵臂、腕，以雙方合力致敵倒地。

1.技法訓練

①由併步站立式起。左腳撤步，兩腿略屈後坐成右高姿玄虛式；左臂略屈，立掌前伸，置於面前，掌心向前，右掌仰伸於右腰前，掌指向前，成右開合守式；目視右前方。（圖 8-41）

②身、步後移右閃成右低姿玄虛式；同時，右手仰掌向前托起，左手向身前採按於右掌後側，兩手合力抓緊，高約與肩平，功力運達兩手十指；目視雙手。（圖 8-42）

③身體右轉前移；同時，右手內旋前伸，用力向右下摳抓，左手五指抓緊，功力運達兩手十指；目視右手。（圖 8-43）

④左腳向前上步內扣，身體右後轉；同時，右手用力上挑，五指摳緊向右下抓按，左手用力向內旋擰，功力運達兩手十指；目視右手。（圖 8-44）

圖 8-44

2. 樁功訓練

(1) 木樁功

①面對木樁，以右高姿玄虛式站立；左立掌前上舉護面，右仰掌前下伸護腰，使樁臂端置於右肩前（活木樁上盤手臂關節處均為強力彈簧連接），運動功力於兩掌；目視樁臂。（圖 8-45）

②身、步速向左後撤移，以右低姿玄虛式對樁；同時，左手向下採按住樁臂端上側，右手向上托抓住樁臂肘關節下側，注意體會折帶發力的猛烈深沉感及抗衡感，運動功力於兩手十指；目視樁臂。（圖 8-46）

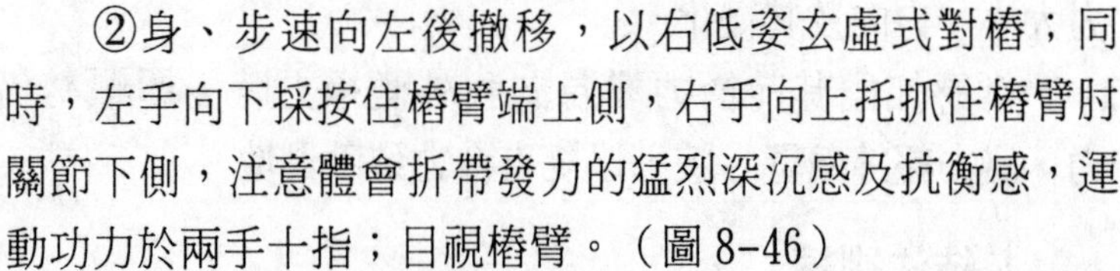

③身勢右轉前移，左腿蹬伸；同時，右臂內旋上起纏住樁臂，右手隨之向樁臂肩關節處摳抓，左手內旋抓緊樁

圖 8-45

圖 8-46

圖 8-47

圖 8-48

臂端，注意體會纏臂發力的猛烈深沉感和抗衡感；目視樁臂。（圖 8-47）

④兩手繼續用力纏擰樁臂，右腳收步，左腿屈提前蹬，以通肚腳蹬擊樁柱，高約同襠、腹，注意體會纏臂通肚腳發力的猛烈感和抗衡感；目視樁臂，餘光視樁柱。（圖 8-48）

(2) 吊袋功

①雙手推動吊袋（吊袋的一側連接一條平舉手臂），使吊袋手臂向右肩前逆時針回擺；同時，左腳撤步，以右高姿玄虛式對袋臂，兩手左上右下以開合手護住頭面和腰肋，迅速運功於兩掌；目視袋臂回擺。（圖 8-49）

圖 8-49

②當袋臂逆時針回擺至右肩前時，身、步迅速移閃，以右低姿玄虛式避讓袋臂擺撞；同時，

圖 8-50

圖 8-51

圖 8-52

左手採按袋臂端上側，右手托抓袋臂肘關節下側，功力運達兩手十指；目視袋臂。（圖 8-50）

③兩手採托抓住袋臂後，即以手部皮膚和心法意念感知袋臂逆時針旋擺之力，身體隨之右轉前移，右手順旋擺之勢上挑摳抓住袋臂及其肩關節處，左手同時內旋抓擰袋臂端；以此訓練借上盤外掙力纏臂發力的動感及合力感；目視袋臂。（圖 8-51）

④左腳上步，身體右後轉，兩手利用轉身之勢發力向右後纏擰袋臂；以此訓練借上盤外掙力順勢纏臂的動感及合力感；目隨視袋臂。（圖 8-52）

3. 試招之一

①我與歹徒對峙中。若敵以右格鬥式逼近我，尋機搶

圖 8-53

圖 8-54

攻；我速撤左腳，以右高姿玄虛式對敵，兩手左上右下以開合手護住襠、腹和頭面，誘敵手來攻；目視敵攻防手。（圖 8-53）

②若敵滑進搶攻，左拳虛晃，出右拳直擊我上盤空位；我速撤左步、右閃身，以右低姿玄虛式避開敵攻勢手，使敵右拳臂落空於我身前；同時速以左手採按敵右腕，以右手上托敵右肘，兩手合力抖折敵右肘、腕；目視敵右臂。（圖 8-54）

圖 8-55

③我採托住敵右肘、腕後，即由手部皮膚和心法意念感知敵攻勢手勁力大小、方向及其變化。若感知出敵右臂向我外側回掙，我即身勢右轉前移發力，右手同時順敵掙勢挑纏其右肘臂，右手隨之摳抓住敵右肩井及鎖骨，左手協同內旋抓擰敵右腕；目視敵右肩、臂。（圖 8-55）

④我左腳迅速上步，隨敵右臂內掙之勢身腰右轉發力，右手摳抓纏住敵右肩、臂猛力向右下按壓，左手同時

圖 8-56

圖 8-57

用力內旋掰擰敵右腕，將敵右臂屈別於背後，迫使敵護痛而俯身前倒；敵若反抗，我則以跪膝法重擊其中盤，將敵制服；目視敵右臂，轉視其上盤。（圖 8-56）

【要點】

有備中閃身抓敵肘、腕要及時準確。雙手抖折運勁發力要剛脆，挑纏敵臂要充分利用敵臂內掙之勢發力，運勁發力要猛烈深沉，摳肩別臂按壓要把握住敵護痛而力散之機發招，運勁發力要猛烈深沉，意、氣、力運集於兩手十指。敵俯身前倒後，我可以用連續膝、腳技法重擊敵中、上盤要位，致敵喪失反抗能力。

4. 試招之二

①我與歹徒對峙中。若敵以左格鬥式滑步搶攻，右拳砸壓我前鋒手之時，出左拳直擊我上盤空位；我速撤步閃身，以右低姿玄虛式避敵攻勢，當敵攻勢手擊空落於我胸前時，我即以左手採按，右手托抓，抖折敵左肘、腕，使敵攻守失調；目視敵左臂。（圖 8-57）

圖 8-58

圖 8-59

②我由手部皮膚和心法意念感知出敵拳臂向外掙脫時，右臂速順敵掙勢挑纏其肘、臂，右手隨之摳抓敵左肩井及鎖骨，左手同時旋擰敵左腕，迫使敵回手自救；目視敵左臂及右手。（圖 8-58）

圖 8-60

③若敵全力解脫左臂，我則速以左通肚腳迅猛蹬擊敵襠、腹要位，使敵護痛而失去攻守能力，雙手繼續纏擰住敵左腕、臂；目視敵中盤。（圖 8-59）

④我乘敵攻守失調之機，左腳速向右前落步抵住敵前鋒腿，兩手同時用力向右後纏擰敵左腕、臂，身體隨勢向右後旋轉以助纏擰發力，迫使敵在上下反向力和螺旋力合作用下而翻身仰跌。敵若反抗，我則以連環腳法重創敵中、上盤要位，直至敵降服；目視敵中、上盤。（圖 8-60）

【要點】

閃身採托抖折敵腕、肘要把握好雙方攻防距離差，於敵攻勢將盡時發力，運勁發力要剛脆。挑纏敵左臂要順借其外掙之勢發力，運勁發力要猛烈深沉，左通肚腳前蹬要與纏臂擰腕相合，運勁發力要迅猛，抵腿轉身纏臂按肩要上下協調，運勁發力要猛烈深沉，意、氣、力運集於兩手十指、左腳跟轉至左腳踝外側，致使敵左肘臂、襠腹要位受重創而喪失反抗能力。

左式借上盤外掙力纏臂制敵術之技法訓練、樁功訓練、試招和要點可以參考上述，惟左右相反。

四、借上盤後掙力靠推制敵術

借上盤後掙力靠推制敵術是武當玄真拳借力制敵術之技法。我與敵對峙中，當敵手攻入我上盤空位時，我即於閃避中採托抓住敵肘、腕。

搭手後，即由手部皮膚和心法意念感知敵攻勢手勁力大小、方向及其變化，當感知出敵用力後掙時，即順借敵上盤後掙之勢發力靠推，以雙方合力致敵跌出。

1. 技法訓練

①由併步站立式起。左腳撤步，兩腿略屈後坐成右高姿玄虛式：左臂略屈，立掌前伸，置於面前，掌心向前，右掌仰伸於右腰前，掌指向前，成右開合守式；目視右前方。（圖 8-61）

②身、步後移右閃成右低姿玄虛式；同時，右手仰掌

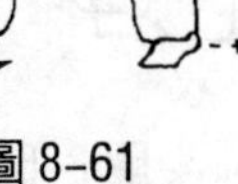

圖 8-61　　圖 8-62　　圖 8-63

向前托起，左手向身前採按於右掌後側，兩手合力抓緊，高約與肩平，功力運達兩手十指；目視雙手。（圖 8-62）

③身、步不變；右手用力仰掌上托，左手同時五指抓緊向前上翹折，功力運達右掌心及左手五指；目視右掌。（圖 8-63）

圖 8-64

④右腳向前滑進成右開弓式；同時，兩手變側立掌，向前迅猛推擊，指高約與目齊，功力運達兩掌外側；日視雙掌。（圖 8-64）

2. 樁功訓練

(1) 木樁功

①面對木樁，以右高姿玄虛式站立；左立掌前上舉護面，右仰掌前下伸護腰，使樁臂端置於右肩前（活木樁上盤手臂關節處均為強力彈簧連接），運動功力於兩掌；目

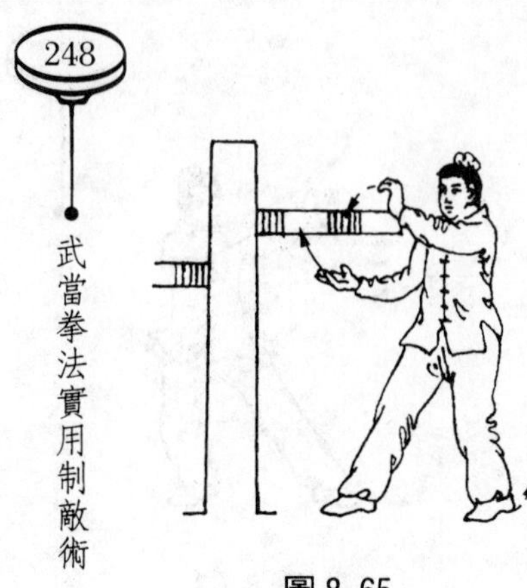
圖 8-65

圖 8-66

視樁臂。（圖 8-65）

②身、步速向左後撤移，以右低姿玄虛式對樁；同時，左手向下採按住樁臂端上側，右手向上托抓住樁臂肘關節下側，注意體會折帶發力的猛烈深沉感及抗衡感，運動功力於兩手十指；目視樁臂。（圖 8-66）

③雙手鬆開樁臂，身體左閃前移，雙手側立掌迅猛推擊樁柱；同時右腳前滑，以右開弓式助增發力，功力運達兩掌根及掌外側，注意體會開弓推山掌發力的猛烈深沉感及抗衡感；目視樁柱。（圖 8-67）

④右腳外展，身體右轉，左腳隨即向前用力勾翹樁柱；雙掌同時向右前屈收，再向左猛力砍推樁柱，左掌高約與肩平，右掌高約與腰平，功力運達兩掌根外側及左腳踝內側，注意體會勾蹺斬腰手發力的猛烈深沉感及抗衡感；目視樁柱。（圖 8-68）

(2) 吊袋功

①雙手推動吊袋（吊袋的一側連接一條平舉手臂），使吊袋手臂擺至右肩前；同時，左腳撤步，以右高姿玄虛

圖 8-67
圖 8-68
圖 8-69
圖 8-70

式對袋臂，兩手左上右下以開合手護住頭面和腰肋，迅速運功於兩掌；目視袋臂。（圖 8-69）

②當袋臂擺至身前極點且將回擺時，即以右低姿玄虛式避讓袋臂端，同時左手採按袋臂端上側，右手托抓袋臂肘關節下側，兩手剛脆發力抖折袋臂，功力運達兩手十指；目視袋臂。（圖 8-70）

③身勢速前移，左腿蹬伸發力；右臂隨袋臂後擺猛力橫靠吊袋腋窩處，左手五指抓緊袋臂端，以此訓練借上盤

圖 8-71

圖 8-72

後掙力靠肘發力的動感及合力感；目視袋臂。（圖 8-71）

④我乘吊袋回擺之勢，右腳速前移，以右開弓式緊隨吊袋回擺；同時，雙手成側立掌，利用左腿蹬伸及身腰擰轉發力迅猛推擊吊袋胸肋處，以此訓練借上盤後掙力推擊發力的動感及合力感；目視吊袋中部。（圖 8-72）

3. 試招之一

①我與歹徒對峙中。若敵以左格鬥式逼近我，尋機搶攻；我速撤左腳，以右高姿玄虛式對敵，兩手左上右下以開合手護住襠腹和頭面，設上盤空位誘敵手來攻；目視敵攻防手。（圖 8-73）

圖 8-73

②敵滑步突進，右拳虛晃，出左拳直擊我頭面；我身、步速撤移，以右低姿玄虛式避開敵拳，使敵拳擊空落於我面前；同時，速以左

圖 8-74

圖 8-75

手採按敵左腕，以右手上托敵左肘，牽動敵重心前傾；目視敵右臂。（圖 8-74）

③我採托抓住敵左肘、臂後，即乘其攻勢將盡欲收之際，迅猛上托下按抖折敵左肘、腕；目視敵左臂。（圖 8-75）

圖 8-76

④我以手部皮膚和心法意念感知敵攻勢手勁力大小、方向及其變化。當感知出敵欲後掙解脫時，右腳即滑進，以右開弓式抵住敵前鋒左腿膝關節外側，兩手同時鬆撥開敵左臂，乘身、步前移下沉之勢，迅猛推擊敵胸肋要位，使敵在後掙力和我推擊力的合作用力下仰身跌出；目視敵中盤。（圖 8-76）

【要點】

閃身採托抓臂要掌握好攻防時間差，及時準確，托按肘腕時運勁發力要剛脆，意、氣、力運集於兩手十指。右開弓式與催肋掌要上下協調，一致到位，充分利用蹬腿轉腰的整體勁發力，運勁發力要猛烈深沉，意、氣、力運集於兩掌根及掌外側。催肋掌要充分利用合力效果。

4.試招之二

①我與歹徒對峙中。若敵以右格鬥式滑進搶攻，左手虛引我攻防注意力，出右拳直擊我頭面空位；我速撤步閃身，以右低姿玄虛式避開敵拳鋒芒；同時，左手順敵拳沖勢採按其右腕，右手上托敵右肘，兩手十指隨即抓捏住敵腕、肘關節，迫使敵護痛而力散；目視敵右臂。（圖 8-77）

②我在敵後勢未發、前勢欲收之際右手上托，左手下按，猛力抖折敵右臂，致敵肘、腕斷折；目視敵臂。（圖 8-78）

③我由手部皮膚和心法意念感知敵攻防動向。當感知出敵護痛縮身收勢後掙之時，身勢速前移跟進，左手旋擰拉拽敵右腕之同時，右臂猛力橫靠敵右腹肋，致使敵肋骨

圖 8-77

圖 8-78

圖 8-79

圖 8-80

斷折；目視敵腋肋。（圖 8-79）

④若敵被靠護痛後掙，我右腳即前滑跟進，以右開弓式抵住敵前鋒腿；同時，左手乘敵掙勢推舉開其右臂，雙掌乘敵後掙仰身迅猛推擊敵胸肋空位，致使敵胸肋骨折傷而仰身跌出；目視敵中盤（圖 8-80）。敵若撤步穩住身勢，我則上左步右轉身勾套敵腳踝，同時以雙掌橫擊左推敵中盤，催敵後倒。

【要點】

托肘抖折、拉腕靠腋、催肋斬腰要連貫迅猛，順勢借力，一氣呵成。抖折運勁發力要剛脆，意、氣、力運集於兩手十指。靠腋運勁發力要剛猛，意、氣、力運集於左手及右臂外側。催肋掌要充分利用敵後掙和我蹬腿轉腰之勢振臂發力，運勁發力要猛烈，意、氣、力運集於兩掌根及掌外側。要注意以敵我合力將敵拋跌。

左式借上盤後掙力靠推制敵術之技法訓練、樁功訓練、試招和要點可以參考上述，惟左右相反。

五、借上盤下掙力按壓制敵術

借上盤下掙力按壓制敵術是武當玄真拳借力制敵術之技法。我與敵對峙中，設上盤空位引敵手入扣，當採托控制住敵攻勢手後，即由手部皮膚和心法意念感知敵手攻勢勁力大小、方向及其變化。在感知出敵手下掙時，即順勢借力，以按壓和敵掙勢之合力將敵制住。

1.技法訓練

①由併步站立式起。左腳撤步，兩腿略屈後坐成右高姿玄虛式；左臂略屈，立掌前伸，置於面前，掌心向前，右掌仰伸於右腰前，掌指向前，成右開合守式；目視右前方。（圖 8-81）

②身、步後移右閃成右低姿玄虛式；同時，右手仰掌向前托起，左手向身前採按於右掌後側，兩手合力抓緊，高約與肩平，功力運達兩手十指；目視雙手。（圖 8-82）

圖 8-81

圖 8-82

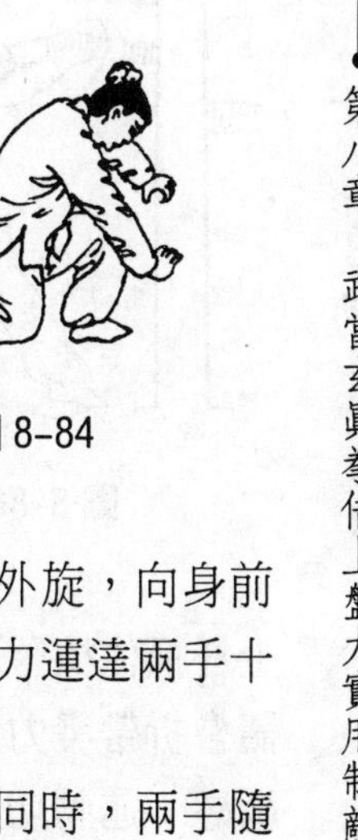

圖 8-83

圖 8-84

③身體右移下沉成騎馬式；同時，左手外旋，向身前用力下擰，右手內旋，用力向右前擰按，功力運達兩手十指；目視右手。（圖 8-83）

④身體左轉下蹲，右膝猛力向下跪壓；同時，兩手隨左轉蹲跪之勢用力向左下擰拉按壓，功力運達兩手十指及右膝；目視右手。（圖 8-84）

2. 樁功訓練

(1) 木樁功

①面對木樁，以右高姿玄虛式站立；左立掌前上舉護面，右仰掌前下伸護腰，使樁臂端置於右肩前（活木樁上盤手臂關節處均為強力彈簧連接），運動功力於兩掌；目視樁臂。（圖 8-85）

圖 8-85

②身、步速向左後撤移，以右低姿玄虛式對樁；同時，左手向下採按住樁臂端上側，右手向

圖 8-86

圖 8-87

上托抓住樁臂肘關節下側，注意體會折帶發力的猛烈深沉感及抗衡感，運動功力於兩手十指；目視樁臂。（圖 8-86）

③身體左轉，右腳內扣，右腿蹬伸發力；同時，右手內旋，用力向右前按擰樁臂肘關節處，左手用力向前下擰按樁臂端，注意體會擰按發力的猛烈深沉感和抗衡感；目視樁臂。（圖 8-87）

圖 8-88

④身體右轉，左腿蹬伸發力；同時，右手用力向身前按拉，左手用力向下擰推，注意體會按拉擰推發力的深沉感和抗衡感；目視樁臂。（圖 8-88）

(2) 吊袋功

①雙手推動吊袋（吊袋的一側連接一條平舉手臂），使吊袋經我身前回擺時，即以右高姿玄虛式跟進，兩手左上右下以開合手護住頭面和腰肋，迅速運功於兩掌；目視

圖 8-89

圖 8-90

袋臂回擺。（圖 8-89）

②當袋臂回擺至中垂線時，右腳速前移，以右低姿玄虛式緊跟袋臂，同時，左手採按袋臂端上側，右手托抓袋臂肘關節下側，功力運達兩手十指；目視袋臂。（圖 8-90）

圖 8-91

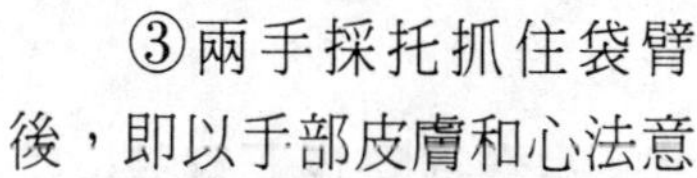

③兩手採托抓住袋臂後，即以手部皮膚和心法意念感知袋臂下擺之勢力，右手迅速內旋，順借袋臂下擺之勢用力向前下擰按袋臂肘關節處，左手同時下擰袋臂端；身體右轉，以左橫開弓式助增擰按發力，以此訓練借上盤下掙力擰按發力的動感及合力感；目視袋臂。（圖 8-91）

④右手繼續用力向前按拉袋臂肘關節處，同時左手向前下擰推袋臂端；身體隨之右轉前移助增按拉擰推發力，以此訓練借上盤下掙力轉身按推的動感及合力感；目視袋

圖 8-92

圖 8-93

臂。（圖 8-92）

3.試招之一

①我與歹徒對峙中。若敵以左格鬥式逼近我，尋機搶攻；我速撤左腳，以右高姿玄虛式對敵；兩手左上右下以開合手護住襠腹和頭面，設上盤空位引敵入扣；目視敵攻防手。（圖 8-93）

圖 8-94

②敵滑步突進，右拳虛晃中出左拳直擊我上盤空位；我身、步速後移右閃成右低姿玄虛式，引敵拳擊空落於身前，同時速以左手採按敵左拳腕，以右手上托敵左肘，兩手十指用力抓揑住敵腕肘關節，控制住敵手臂；目視敵左臂。（圖 8-94）

③我速由手部皮膚和心法意念感知敵攻勢手勁力大小、方向及其變化。當感知出敵左臂用力下掙時，我身體迅速前移左轉下沉成騎馬式抖腰發力，以右膝前頂敵左膝

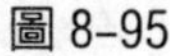

圖 8-95　　圖 8-96

關節外側，右手乘勢抓擰敵左肘關節猛力向前下擰按，左手用力向前下擰拉敵左腕，迫使敵護痛俯身；目視敵右臂。（圖 8-95）

④我身體左轉，右腳勾套敵左腿之時，右膝繼續前頂敵左膝外側，雙手隨勢繼續向左前用力擰拉按壓敵左腕、肘，迫使敵護痛而仆身前倒；我隨之蹲身跪膝，以右膝猛力跪頂敵腰肋及腎俞穴，將敵制住。敵若反抗，我則以大力卸肩手卸敵左肩；目視敵中、上盤。（圖 8-96）

【要點】

擰按敵左腕、肘要順借敵下掙力，騎馬擰按、拉推跪膝要上下協同，一氣呵成。身腰抖轉發力要與敵下掙力形成合力，運勁發力要猛烈深沉，意、氣、力運集於兩手十指及右膝。右膝可以連續跪頂敵中盤要位，亦可以配合卸肩折臂手法，直至敵降服。

4.試招之二

①我與歹徒對峙中。若敵以右格鬥式滑步突進，左手擾我視線，出右拳直擊我上盤空位；我速撤步閃身，以右

圖 8-97

圖 8-98

低姿玄虛式避讓敵拳鋒芒，同時，左手順敵拳沖勢採按其右腕，右手上托敵右肘下側，兩手合力抓捏抖挫敵右腕、臂，使敵腕、肘傷痛而力散；目視敵右拳。（圖 8-97）

②我速由手部皮膚和心法意念感知敵攻勢手勁力大小、方向及其變化。當感知出敵右拳用力下掙解脫、左拳同時直擊我頭面；我則左手用力拉拽住敵右腕，隨其掙勢外擰，右手同時鬆開敵右肘，立前臂向外格擋敵左臂，使敵拳偏空；目視敵左臂。（圖 8-98）

③若敵身勢左轉，右臂向內旋下掙抗衡我外擰手，左手同時向右撥按我右臂；我迅速沉身成騎馬式，以右腳勾套抵住敵右腿，左手乘敵旋掙之勢，用力向內下擰按敵右腕，右肘順敵左手撥按之勢用力向前下砸壓敵右肘關節，致使敵肘、臂折傷；目視敵右臂。（圖 8-99）

④我乘敵護痛俯身之際，身體迅速右轉成右開弓式助增發力，右手隨即摳抓住敵右肩、腋用力向右下按壓，左手同時用力向右前推擰敵右腕，迫使敵在套抵推按之旋轉力作用下仆身前倒；目視敵右肩。（圖 8-100）

圖 8-99

圖 8-100

【要點】

採托敵肘、腕時要注意觀察敵失控手之變化，防其突然襲擊。左手擰腕、右拳格臂要協調配合，運勁發力要深沉，意、氣、力運集於左手五指及右臂外側。

騎馬壓肘要上下協調，一致到位，運勁發力要猛烈，意、氣、力運集於左手五指及右臂外側。右開弓式按肩推臂要充分利用左腿蹬伸及身腰扭轉之勢發力，運勁發力要深沉，意、氣、力運集於兩手十指。要注意以右螺旋力及敵俯身前下掙之合力致敵仆倒。

左式借上盤下掙力按壓制敵術之技法訓練、樁功訓練、試招和要點可以參考上述，惟左右相反。

六、借上盤上掙力斬腰制敵術

借上盤上掙力斬腰制敵術是武當玄真拳借力制敵術之技法。我與敵對峙中，以設空誘敵法控制住敵上盤攻勢手，當以手部皮膚和心法意念感知出敵攻勢手用力上掙解脫時，即以摧架技法致敵肘、腕折傷，再以勾掛斬腰手致

圖 8-101

圖 8-102

圖 8-103

敵倒地。

圖 8-104

1. 技法訓練

①由併步站立式起。左腳撤步，兩腿略屈後坐成右高姿玄虛式；左臂略屈，立掌前伸，置於面前，掌心向前，右掌仰伸於右腰前，掌指向前，成右開合守式；目視右前方。（圖 8-101）

②身、步後移右閃成右低姿玄虛式；同時，右手仰掌上托，左手向前下採按於右掌後側，兩手合力抓緊，高約與肩平，功力運達兩手十指；目視雙手。（圖 8-102）

③右玄虛式不變；左手用力抖按之同時，右臂屈肘用力向上攔架，功力運達左手五指及右臂內側；目視右肘。（圖 8-103）

④右腳尖回勾，用力向左前勾掛；右手內旋成俯掌，猛力向左後橫砍，左掌向右抖推，功力運達右腳踝內側及右掌外側；目視右掌。（圖 8-104）

圖 8-105

圖 8-106

2. 樁功訓練

(1) 木樁功

①面對木樁，以右高姿玄虛式站立；左手前上舉護面，右手仰掌前下伸護腰，使樁臂端置於右肩前（活木樁上盤手臂的肩和肘關節外均為強力彈簧連接）；目視樁臂。（圖 8-105）

圖 8-107

②身、步後移，以右低姿玄虛式對樁；同時，兩手左下採、右上托抓住樁臂肘、腕關節處，注意體會抖挫發力的猛烈深沉感及抗衡感；運動功力於兩手十指，目視樁臂。（圖 8-106）

③左手用力向下採按樁臂端，右臂屈肘，猛力向上架樁臂肘關節處，注意體會攦架發力的深沉感及抗衡感；功力運達左手五指及右臂內側；目視樁臂肘關節處。（圖 8-107）

④左手按拉樁臂端之同時，左腳迅速移近樁柱，右腳隨之用力勾掛樁柱；右手同時俯掌橫擊樁柱腋窩處，再外旋仰掌，橫斬樁柱腰肋處；注意體會勾掛斬腰發力的猛烈深沉感及抗衡感，功力運達左手五指、右掌外側及右腳踝內側；目視樁柱中、上盤。（圖 8-108）

圖 8-108

(2) 吊袋功

①雙手推動吊袋（吊袋的一側連接一條平舉手臂），使吊袋手臂向身前回擺；同時，左腳撤步，以右高姿玄虛式對袋臂，雙手左上右下以開合手護住頭面和腰肋；目視吊袋回擺。（圖 8-109）

②當吊袋回擺至右肩前時，迅速移步閃身，以右低姿玄虛式避開袋臂端撞擊；同時，左手採按袋臂端上側，右手托抓袋臂肘關節下側；功力運達兩手十指；目視袋臂。（圖 8-110）

③雙手扣抓住袋臂後，即以手部皮膚和心法意念感知

圖 8-109

圖 8-110

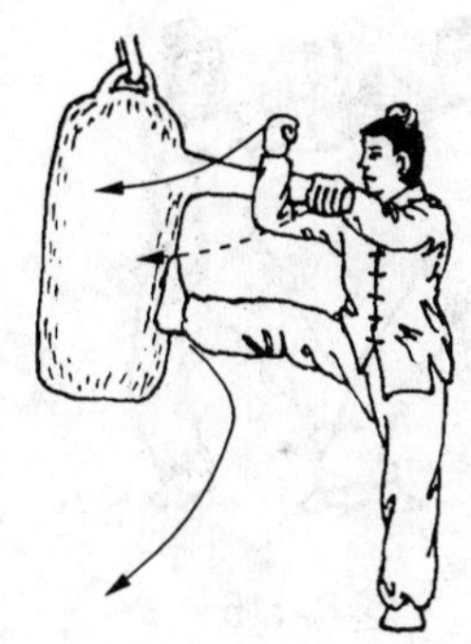

圖 8-111

圖 8-112

袋臂上擺之力，右臂速屈收，順借袋臂上擺之力，用力摧架袋臂肘關節處，右腳同時蹬踢吊袋下部；注意體會借上挣力摧架發力的動感及合力感，功力運達左手五指、右腳跟及右臂內側；目視吊袋。（圖 8-111）

④右腳前落成勾翹腳；同時，右臂掛開袋臂，迅猛橫擊吊袋中、上部，左掌猛力斬擊吊袋中、下部；注意體會勾掛斬腰發力的動感及合力感，功力運達右拳臂外側、左掌根及右腳踝內側；目視吊袋中部。（圖 8-112）

3.試招之一

①我與歹徒對峙中。若敵以左格鬥式滑步搶攻，欲先發制人；我速撤左腳，以右高姿玄虛式對敵，以右式開合手設上盤空位誘敵來攻；目視敵攻防手。（圖 8-113）

圖 8-113

圖 8-114

圖 8-115

②若敵滑步突進中，右拳虛晃，左拳乘勢直擊我上盤空位；我於有備閃避中以右低姿玄虛式讓過敵拳鋒芒，使敵拳落空於我右肩前；同時，以左手採按敵左腕，右手上托敵左肘，控制住敵攻勢手臂；目視敵左臂。（圖 8-114）

圖 8-116

③我速由手部皮膚和心法意念感知敵攻勢手勁力大小、方向及其變化。當感知出敵左臂用力上掙時，速以右臂猛力向上　架敵左肘，左手同時向下抖按敵左腕，折敵肘、臂；目視敵攻防手。（圖 8-115）

④我乘敵護痛失調，中盤空位之際，速移步進身，右腳勾掛敵前鋒腿，右掌迅猛橫砍敵脖頸，再翻掌斬擊敵腰肋，左手擰拉敵左腕，在右手斬腰之同時，猛力抖推敵腕，使敵仰跌；目視敵中盤。（圖 8-116）

【要點】

兩手採托截肘、右肘攦架折臂及勾掛砍頸斬腰要上下配合，連貫完成。兩手採托運勁發力要柔順轉剛脆，按手攦架運勁發力要猛烈，意、氣、力運集於左手五指及右臂內側。右腿勾掛運勁發力要深沉，右掌橫砍反斬運勁發力要迅猛，意、氣、力運集於右腳踝內側及右掌外側。

4. 試招之二

①我與歹徒對峙中。若敵進身搶攻，並以右式順手拳直擊我頭面空位；我速移步閃身，以右玄虛式左採右托手採托控制住敵右肘、腕；目視敵攻防手。（圖 8-117）

②我由手部皮膚和心法意念感知出敵右臂用力上掙解脫時，右臂迅速屈收，順敵上掙之勢用力攦架敵右肘外側，左手同時向下抖按敵右腕，折敵肘、臂；目視敵攻防手。（圖 8-118）

③敵後掙中出左手推撥我右臂，我速於控制敵右臂之同時，起右腳迅猛蹬踢敵襠腹或腰肋要位，迫使敵護痛而躬身失調；目視敵中、上盤。（圖 8-119）

圖 8-117

圖 8-118

圖 8-119

圖 8-120

④我右腳迅速落步，勾掛抵住敵鄰近腿；同時，兩臂格推開敵右臂，右拳順勢猛力橫擊敵後心要位，左掌猛力斬擊敵腰肋要位，迫使敵在其後掙力和我勾掛斬擊力之共同作用下仆倒而降服；目視敵中盤。（圖 8-120）

【要點】

雙手採托截肘、右臂攉架折肘、右通肚腳及勾掛橫擊斬腰要上下配合，連貫完成。兩手採托抖挫運勁發力要柔順轉剛脆，按手攉架運勁發力要猛烈，意、氣、力運集於兩手十指，轉至右臂內側。

右通肚腳要先提後蹬，運勁發力要猛烈，意、氣、力運集於右腳跟。右腳落步勾掛運勁發力要深沉，雙手要利用沉身轉體之勢橫擊斬腰，運勁發力要猛烈深沉；意、氣、力運集於右腳踝內側及雙手外側。

左式借上盤上掙力攉架制敵術之技法訓練、樁功訓練、試招及要點可以參考前述，惟左右相反。

第九章 武當玄真拳抗暴實用制敵術

武當玄真拳抗暴實用制敵術是從武當玄真拳中精選出來的抗禦歹徒持物行兇的制敵技法。

武當玄真拳抗暴實用制敵術僅從單操技法、試招制敵、要點分析等方面描述閃避歹徒一手持盤碴類直刺和另一手持酒瓶類掄擊之身、步法，同時以封、按、採、抓等手法控制敵攻勢手腕，以磕、截、托、抖等手法致敵腕、肘折傷而攻守失調，隨即乘勢以肩摔式、翹跌式、掰倒式、抖拋式、臂仆式等技法將敵制服。

一、封手採腕肩摔制敵術

①由站立式起。右腳向後撤步，身勢後移沉坐成左玄虛式；同時，右手內旋上起，屈肘立前臂於頭右前方，掌心向前，指高約與眉齊；左手屈肘平前臂仰伸於左腰前，掌指向前，成上盤開合手式，功力運達兩手十指；目視左前方。（圖 9-1）

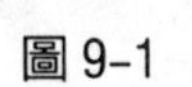

圖 9-1　圖 9-2　圖 9-3

圖 9-4

②右腳蹬地，左腳略向右前滑移，身勢隨之前右移，腰胯略左轉；同時，右手扣指，經身前向右下封按，左手隨身勢右閃內旋，經面前向左上斜臂架起，撥帶中內旋翻掌扣指抓握，功力運達兩手十指及左腕外側；目隨右手，轉視左手。（圖 9-2）

③左腳跟內扣，右腳向前上步，身勢隨之右前移，腰胯左轉；同時，左手五指扣抓緊向左後用力擰拉，右手向右下甩按後，迅速屈肘平前臂，向左手虎口前側猛力抖磕，拳面向左，功力運達兩手十指轉至右前臂背側；目視右前臂。（圖 9-3）

④右腳尖與左腳跟迅速內扣，身勢隨之左後轉下沉，背、臀部後靠；同時，左手隨轉身用力拉拽，右手上起扛肩後，即扣指向左手虎口前抓握前拉；隨即上身迅速前俯，臀部用力上拱，兩手猛力向前下拉拽左甩，功力運達兩手十指、右肩、背及臀部；目視雙手。（圖 9-4）

圖 9-5

圖 9-6

【運用】

①我與歹徒對峙中。若歹徒以左側身格鬥式左手持盤碴、右手掄酒瓶堵住我去路，尋機施暴；我右腳速撤步，以左玄虛式對敵；同時，右手右前上起護住右頭面，左手仰掌前伸護住左腰肋，以上盤開合手設中、上盤空位，誘敵攻勢手入扣；目視敵攻防手。（圖 9-5）

②若敵突發攻勢，身、步滑進中以左手盤碴直紮我中、上盤空位；我右腳蹬地，左腳速向右前滑移，腰胯略右移左轉中避開敵盤碴直紮鋒芒，乘敵左攻勢手落空於肩前，右手迅速扣指封按敵左腕，左手同時上起抖托敵左臂。如果敵右手掄酒瓶劈打我頭面，我右手五指用力向右下扣按敵左腕之同時，左腳跟內扣，身勢速右閃前移，避讓敵右手瓶掄劈路線；同時，左臂速內旋上起，讓過敵瓶後即架撥敵右腕，於撥帶中扣指採抓住敵右腕，引敵攻勢手落空；目視敵左手盤碴，轉視敵右手瓶。（圖 9-6）

③我乘敵兩臂用力後掙之勢，右腳速向前上步逼近敵身前，同時，左手五指用力扣抓住敵右腕向左下抖按，右

圖 9-7

圖 9-8

手向右下用力按甩開敵左腕，乘身勢左轉屈肘平前臂，迅猛抖磕敵右臂下側，腰胯隨之抖轉以助發力，致使敵肘、腕折傷，棄盤碴而護痛自保；目視敵右臂。（圖 9-7）

④我不容敵換勢解脫，左手五指扣緊敵右腕關節及脈穴用力擰拉，迫使敵護痛跟進；同時，身勢速左後轉下沉，右手隨之上起內扣，將敵右臂扛於右肩之上，右手扣抓住敵右腕前拉，使敵前身貼靠於我背、臀部；上身隨兩手前下拉迅速前俯，將敵扛於肩、背之上，利用雙手向左下拉拽和身腰向左下俯甩之合力，將敵甩摔於身前，使敵中、上盤受重創而喪失反抗能力；目視敵身。（圖 9-8）

【要點】

設空誘敵要便於防守反擊，引彼入扣要避開敵攻勢鋒芒，要在保護好自身要位之同時封按住敵攻勢手腕。左臂要斜上架，要隨腰胯扭轉旋臂黏帶扣腕撥抓，運勁發力要柔順深沉，意、氣、力運集於兩手十指及左臂外側。

上步按腕磕肘與轉身扛臂俯甩要上下配合，連貫迅猛，按腕磕肘要一致到位，利用抖腰振臂之勢助增爆發

圖 9-9

圖 9-10

力，運勁發力要充沛剛脆，意、氣、力運集於左手五指及右前臂背側。

轉身拉腕扛臂要使背、臀儘量貼緊敵前體，俯身肩摔式要迅猛突然、到位，運勁發力要飽滿猛烈，意、氣、力運集於兩手十指、右肩及背、臀部。儘量使敵頭部或上盤先著地，以增大甩摔的撞地效果，迫使敵降服。

二、截臂砍頸翹跌制敵術

①由站立式起。右腳撤步，身勢沉坐成左玄虛式；同時，右手上起，屈肘立前臂於右耳前，左手仰掌前伸於左腰前成上盤開合手，功力運達兩手十指；目視左前方。（圖 9-9）

②右腳蹬地，左腳右前移，身勢隨之前移左轉；同時，左手內旋上起，經面前左撥扣指抓擰，右手俯掌前下落於左臂內側，功力運達左臂外側及兩手十指；目視左手。（圖 9-10）

③左腳蹬地，兩腳右先左後向右側滑移，身勢隨之前移略左轉，右腿蹬伸；同時，左手五指扣緊，用力向胸前擰拉，右手右上起，屈肘立前臂外旋，以柳葉刀掌猛力向左砍磕，肘高約與胸平，掌心向後，功力運達左手五指及右掌外側；目視右手臂。（圖 9-11）

④左腳尖外展，左腿略沉撐穩，腰胯略左轉，帶動右腳用力向左前勾掛；右手同時內旋向左下按壓，再向右前迅猛橫砍，掌心向下，略高於肩，功力運達右腳踝內側及右掌外側；目視右掌（圖 9-12）。右腳隨落勢用力向右後滑蹬，同時身勢左轉，促使左手向左擰拉，右手隨回收屈肘立前臂向左橫格；目隨視右肘。

圖 9-11

【運用】

①我與歹徒對峙中。若歹徒左手持盤碴，右手持酒瓶，以左側身格鬥式堵住我去路，尋機施暴；我右腳撤步，身勢後移，以左玄虛式對敵，兩手右上左下以上盤開合手式設上盤空

圖 9-12

圖 9-13

位誘敵搶攻；目視敵攻防手。（圖 9-13）

②若敵滑步突進，以左手盤碴直紮我頭面或上盤空位；我左腳迅速右前滑動，身勢前移右閃，讓過敵持盤碴攻勢手；同時，左手內旋上起，經面前向左後撥帶敵左臂，撥帶中扣指抓住敵左腕，右手下落護住中盤蓄勢待發。敵若前衝力較大，我即左手用力擰拉敵左腕，於牽動敵重心失衡中致敵前倒；目視敵左攻勢手。（圖 9-14）

③若敵左手用力後掙，右手持酒瓶掄劈我頭面；我左腳蹬地，使兩腳迅速向右滑移，身勢隨之前移右閃左轉，避開敵右手酒瓶劈擊路線；同時，左手五指扣緊敵左腕關節，用力向胸前擰拉，右手屈肘立前臂外旋，向左猛力砍磕敵左臂外側，右腿蹬伸，身腰左轉以助截肘發力，使敵左腕、肘折傷；目視敵攻防手臂。（圖 9-15）

④我乘敵護痛失調用力後掙之際，左腿速下沉撐穩，同時腰胯左轉，帶動右腳用力向左前勾掛敵鄰近左腿；右臂內旋，向左壓下敵臂後，即順敵左臂上側猛力向右前平砍敵脖頸，使敵喉頸損傷而失衡仰跌；目視敵喉頸（圖 9-

圖 9-14

圖 9-15

16）。若敵及時提左腿避開我勾翹腳，我則右腳速向右後滑蹬敵鄰近腿，同時身勢左轉，左手用力向左擰拉敵左腕，右手回收，屈肘立前臂，向左猛力橫格敵左肘外側，使敵肘、腕傷折，仆身前跌而降服；目視敵左臂。

圖 9-16

【要點】

滑移步右閃身要以恰好讓開敵攻勢鋒芒為度，過大則不利於順勢制敵。撥抓敵腕要順敵沖勢於黏帶中扣指捏抓其腕關節及脈穴，使敵痛極而力散，運勁發力要柔順深沉，意、氣、力運集於左手五指。身、步移閃至敵左外側死角，意在避開敵另一手攻勢的同時從容制敵。擰腕磕肘要充分利用蹬腿轉腰之勢發力，運勁發力要充沛剛猛，爆發抖挫力，意、氣、力運集於左手五指及右臂外側。勾翹腳與砍頸掌要上下協調，一致到位，勾翹腳運勁發力要深沉，砍頸掌運勁發力要迅猛，意、氣、力運集於右腳踝內側及右掌外側。

抵腿橫肘跌時，擰拉腕、橫格肘與滑蹬腿要配合一致，以腰胯左轉助增發力，運勁發力要猛烈深沉，意、氣、力運集於左手五指、右臂外側及右腿踝外側。

三、切肘推腕掰倒制敵術

①由站立式起。右腳後撤步，身勢後移沉坐成左玄虛式；兩手右上起左前伸成上盤開合手式，功力運達兩手十

圖 9-17

圖 9-18

圖 9-19

指；目視左前方。（圖 9-17）

②左腳蹬地，右腳向右前滑移，身勢隨之右閃左轉下沉；同時，左手仰掌向左前上托扣指抓握，右手成柳葉刀掌，經面前外旋，向左拳輪前側猛力切砍，功力運達左手五指及右掌外側；目先隨左手，轉視右掌。（圖 9-18）

圖 9-20

③右腳蹬地，左腳向前滑移，身勢隨之前移；同時，右手內旋，扣指用力抓捏向左上推託，左手五指用力抓捏向上托舉，功力運達兩手十指；目先視右手，轉視左手。（圖 9-19）

④右腿蹬伸，左腳向前滑移，身腰隨之右轉前移成左開弓式；同時，右手五指捏緊，繼續用力向左上推託，左手五指抓捏緊外旋，用力向右下擰推按壓，功力運達兩手十指及左膝外側；目視左手。（圖 9-20）

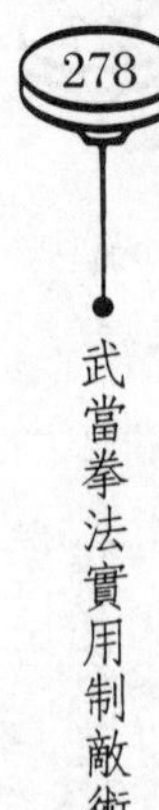

圖 9-21

圖 9-22

【運用】

①我與歹徒對峙中。若歹徒以左側身格鬥式滑進搶攻，出左手盤碴直刺我頭面；我右腳迅速後撤步，身勢後移下沉，以左玄虛式避讓敵攻勢鋒芒；同時，以右上左下上盤開合手誘敵攻勢深入；目視敵左持盤手。（圖 9-21）

②我引敵左攻勢手入扣後，即以左腳蹬地，右腳迅速向右前滑移，身勢隨之右閃左轉，使敵左持盤碴攻勢手落空於左面前；同時，左手速仰掌上起托抓住敵左腕，五指用力摳捏敵左腕關節及脈穴，使敵護痛而力散，右手外旋，以柳葉刀掌猛力切砍敵左肘關節外上側，使敵左腕、肘折傷；目視敵左臂。（圖 9-22）

③若敵左臂用力屈掙，同時右手掄酒瓶劈打我頭面；我左腳速向右前滑移，身勢前移右閃，右手五指迅速扣抓住敵左肘關節及肘麻穴，猛力摳捏向左上托推，左手五指用力抓捏住敵腕關節向上托舉，以敵左手盤碴迎擋敵右手酒瓶護住頭面，使敵自傷其手；目視敵兩持物手。（圖 9-23）

圖 9-23

圖 9-24

④我乘敵自傷其手而失去攻防能力之際，右腿蹬伸，左腳速向前滑進，以膝外側貼抵住敵鄰近左腿外側；同時，左手五指繼續摳捏住敵左腕關節用力外旋，向右下擰推按壓，右手五指繼續扣抓住敵肘關節及肘麻穴猛力摳捏向左上托推，身勢前移中以左開弓式助增托肘掰腕發力，迫使敵因反關節護痛，扔掉盤碴酒瓶仰身後倒而降服；目視敵上盤。（圖 9-24）

【要點】

引敵攻勢手入扣時，既要掌握好攻防時間差，又要把握住攻防距離差，便於防守反擊。

移步閃身抓腕切砍肘要上下配合，準確有力，托抓腕運勁發力要深沉，切砍肘運勁發力要迅猛，意、氣、力運集於左手五指及右掌外側。移步進身托肘推舉腕要協調到位，要乘敵護痛失調時迅速發力托推，運勁發力要猛烈，意、氣、力運集於兩手十指。左開弓式托肘擰掰腕時，要充分利用右腿蹬伸和腰胯右轉之勢發力，運勁發力要深沉，意、氣、力運集於兩手十指及左膝外側。要以下抵、中托、上擰掰之合力作用致敵倒地。

四、採腕托肘抖拋制敵術

①由站立式起。右腳向後撤步，身勢後移沉坐成左玄虛式；同時，右手內旋上起於右肩前，掌心向前，左手外旋，仰掌上起於左胯前，成中盤開合手式，功力運達兩手十指；目視左前方。（圖 9-25）

②左腳蹬地回收屈膝，以腳尖向右腳內側丁點；右腿屈沉撐穩；同時，右臂經面與胸前向左前屈肘立前臂推撥，左手略內旋，經襠腹前屈肘抄起，功力運達兩手及右臂外側；目轉視右側方。（圖 9-26）

③右腳蹬地，左腳向前邁進，左膝及小腿隨勢前撞；同時，右手向右下採按扣指抓握，左手略外旋，向左前上托至右手虎口前約 1 尺遠時，兩手即迅猛發力採托抖挫，功力運達兩手十指及左膝前側；目隨視右、左手。（圖 9-27）

④右腿蹬伸，左腳滑進，左膝隨之前頂成左開弓式；同時，右手繼續用力向右下採按擰拉，左手抓握內旋，屈

圖 9-25

圖 9-26

圖 9-27

肘橫前臂，猛力向左前抖靠，右手隨即向左前抖推，功力運達左臂外側、右手五指、右掌心及左膝前內側；目視左臂。（圖 9-28）

圖 9-28

【運用】

①我與歹徒對峙中。若歹徒以左側身格鬥式逼近我，出左手盤碴直紮我中盤空位；我右腳速撤步，身勢後坐成左玄虛式，引敵左攻勢手落空於胸前；同時，兩手右上起、左前伸成中盤開合手，蓄勢控制敵左臂；目視敵攻防手。（圖 9-29）

②若敵左手盤碴紮空後及時屈肘回收，右腳上步之同時掄右手酒瓶劈打我頭面；我左腳蹬地，右腳速向左後滑移，身勢隨之左後閃，左腳回收，丁點於右腳內側，避開敵酒瓶劈擊路線；同時，右臂經面前左上起，推撥敵攻勢手臂，左手收護住襠、腹要位；目視敵攻勢手。（圖 9-30）

③我右手黏推敵右臂使敵酒瓶掄空後，即順敵下劈之

圖 9-29

圖 9-30

圖 9-31

圖 9-32

勢採按抓捏住敵右腕關節，左手托抓住敵右肘關節下側，兩手同時發力迅猛抖折敵右腕、肘，在敵失勢丟瓶護痛之際，左腳速向敵右腿外後側進步，以膝撞擊敵前鋒右腿；目視敵右臂。（圖 9-31）

④我在敵腕臂折傷、痛極難忍而失去攻防能力之時，兩手十指用力抓捏住敵腕、肘關節右按左托，迫使敵護痛而全力後掙，我則隨敵掙勢，右腳蹬地使左腳速向前滑進，身勢隨之前移，以左開弓式頂撞敵右腿，同時左手鬆開敵右肘抓握內旋，乘敵後掙之勢，以肘、臂迅猛抖靠敵胸肋要位，敵必護痛而丟盤碴救招，我右手隨即抖推敵右腕，將敵仰身拋出而制服；目視敵中、上盤。（圖 9-32）

【要點】

撤步閃身要以避開敵攻勢鋒芒為度，不宜連續後退步，以免腳下失誤，要適時側閃讓敵，便於防守反擊。右手推撥敵右臂時要順其劈勢黏帶，運勁發力要柔順深沉。雙手採托抖挫敵腕肘時，運勁發力要剛脆，意、氣、力運集於右掌外側轉至兩手十指。開弓式抖靠臂要上下配合，

圖 9-33

圖 9-34

一致到位，要充分利用身、步前移下沉之勢抖臂發力，左膝前頂運勁發力要深沉，左臂抖靠與右手抖推運勁發力要充沛猛烈，意、氣、力運集於左膝前側、左臂外側及右掌。要以敵後掙力和我靠推力合作用於敵身而將敵拋跌。

五、擰腕偷陰臂仆制敵術

①由站立式起。右腳向左後撤步，身勢隨之左移右轉，由過左玄虛式回收左腳，丁點於右腳內側，右腿屈沉撐穩；兩手經左中盤開合手式順時針擺動，左手經面前向右撥擺之同時，右手收落於腹前，功力運達左掌外側及右手；目隨視左掌。（圖 9-33）

②左腳蹬地，使右腳迅速向後滑移，身勢隨之後閃左轉，左腳隨身勢閃轉向左前滑移，右腿蹬伸；同時，右臂在左臂外側上起，經面前向右上內旋撥架，左手順撥擺之勢按落於腹前，功力運達右手臂外側及左手；目隨視右臂。（圖 9-34）

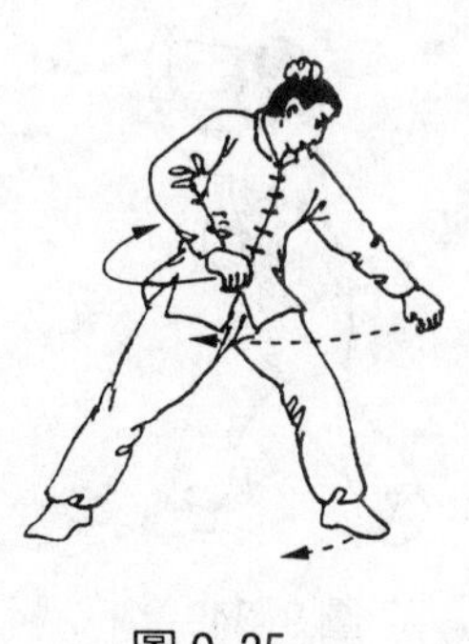
圖 9-35

圖 9-36

③右腳蹬地，使左腳向前滑移，身勢隨之前移右轉俯探；同時，右手向右撥帶扣指抓捏向右下擰拉，左手同時向右前撩打抓捏，高約與襠平，功力運達兩手十指；目隨右臂，轉視左手。（圖 9-35）

④左腳尖內扣蹬地，使身勢右轉前移成左開弓式；同時，右手五指抓捏緊用力外旋向右後擰拉，左手抓握內旋下垂，肩臂抖轉並向左前猛力橫靠，功力運達右手五指及左肩外側；目隨視左肩。（圖 9-36）

【運用】

①我與歹徒對峙中。若歹徒以左側身格鬥式逼近我，出左手盤碴直紮我頭面或中、上盤空位；我右腳速向左後撤步，身勢隨之後閃右轉，避開敵攻勢鋒芒，同時，左腳經左玄虛式回收，丁點於右腳內側，使敵攻勢手落空於面前；左手上起，經面前向右撥帶敵左臂內側，右手隨之上起護住襠、腹要位，設上盤空位誘敵連擊；目視敵攻防手。（圖 9-37）

②若敵左臂及時屈收，右腳上步緊逼我身，右手隨之

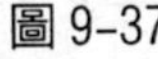

圖 9-37

圖 9-38

掄酒瓶猛力劈打我頭面；我左腳速蹬地，使右腳迅速向後滑移，身勢隨之後閃左轉，避開敵酒瓶劈打路線；左腳向左前上步、右腿蹬伸之同時，右臂左上起，經面前內旋，向右上撥架敵右臂外下側，左手按落於腹前護住襠、腹要位；目隨視敵右持瓶手臂。（圖 9-38）

圖 9-39

③我右臂撥架住敵攻勢手臂後，即順敵掄劈之勢向右下黏帶，黏帶中內旋扣指抓捏住敵右腕關節，用力向右下擰拉；同時，左腳向敵右腳內側滑進，身勢隨之前移右轉，右腿蹬伸，上身前探；左手向前下迅猛撩打抓捏敵襠部要位，迫使敵痛極難忍，丟掉盤碴、酒瓶而回手救招；目隨敵右臂，轉視敵襠、腹。（圖 9-39）

④我在敵護痛而攻守失調之際，身勢迅速右移右轉，左腳隨之向左後滑蹬敵鄰近右腿，以右開弓勢助增發力；

右手用力向右後擰拉敵右腕，左手同時順敵前推之勢握拳內旋，利用開弓右轉之勢，以肩臂外側猛力抖靠敵右肩關節外側或右肘關節外側，將敵腕、肘、肩、關節折傷，迫使敵護痛跟進失衡仆倒而降服；目視敵右臂。（圖9-40）

圖 9-40

【要點】

滑步閃身避開敵攻勢鋒芒之同時，要以手臂撥擋黏帶敵攻勢手臂，使敵不能回臂平擊。移步閃身與撥架黏帶要上下協調，順勢借力，運勁發力要柔順深沉，意、氣、力運集於兩掌及兩前臂外側。

右手採抓擰腕與左手撩陰抓襠要協調一致，採抓擰腕運勁發力要深沉，撩陰抓襠運勁發力要迅猛，意、氣、力運集於兩手十指。

滑蹬擰拉抖靠臂要上下一致到位，運勁發力要飽滿猛烈，意、氣、力運集於左腳踝外側、右手五指及左肩臂外側。要以抖靠力與槓杆力共同作用於敵右臂，折傷敵肘、肩關節要位，使敵喪失反抗能力。

第十章 武當玄真拳築基功實用制敵術

一、武當玄真拳築基功技法

武當玄真拳築基功技法精選了武當玄真拳手法中的單劈面掌、雙劈面掌、擒臂手等單操技法進行專項訓練，以此提高手法基本功技法。

單劈面掌主要精選了挑手劈面掌、外撥劈面掌、裏撥劈面掌、封手劈面掌、左掄劈面掌和右掄劈面掌；雙劈面掌主要精選了雙挑劈面掌、雙開劈面掌、雙封劈面掌、右撥劈面掌、左撥劈面掌和雙架劈面掌；擒臂手主要精選了剪挫擒臂手、壓肘擒臂手、按肩擒臂手、纏絲擒臂手、疊肘擒臂手和托肘擒臂手。透過反覆單操訓練，熟練掌握這些手法，就能在實戰技擊中得心應手，克敵制勝。

1. 上挑劈面掌

（1）由併步站立式起。左腳撤步外展，左腿屈蹲後坐，右腳抵地成右玄虛式；同時，兩掌略屈，立掌前伸，

圖 10-1

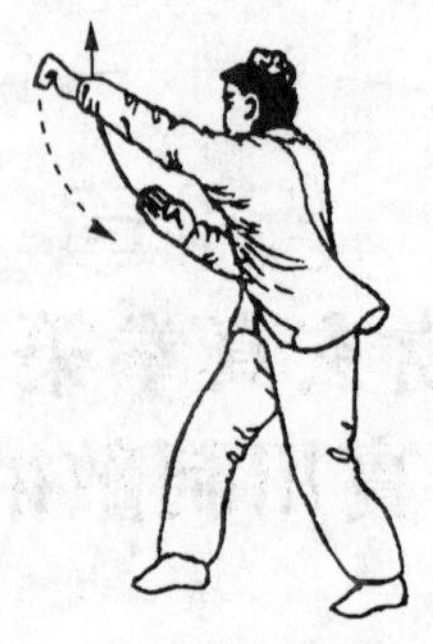
圖 10-2

圖 10-3

右前左後成守門式，掌指高約與肩平；目視右前方。（圖 10-1）

（2）上動不停。左腳蹬地右轉；左掌變拳向前上虛擊，左拳高約與目平；右掌同時屈肘略沉收於右腰前；目視左拳。（圖 10-2）

（3）上動不停。身勢略向後沉坐，右掌經左臂內側向前上挑，掌指高於頭；左拳同時屈肘回收於左肩前；目視右掌。（圖 10-3）

圖 10-4

（4）上動不停。左腳蹬地，身勢前移；右掌乘勢向前猛力下劈，掌外側向前，掌指高約同頭面；左拳屈肘置於左肩前；目視右掌。（圖 10-4）

【技擊】

挑手劈面掌，意在以虛勢引敵起手上架時，即隨勢起手挑起敵防護腕、臂，在敵不及換勢之際，順手前劈其頭面要位。

圖 10-5

圖 10-6

2. 外撥劈面掌

（1）上動稍停。右腳蹬地，身勢後移；同時，右臂屈肘立前臂回收，經面前向右外撥，掌指高約與頭平；左拳同時外旋，屈肘仰拳收於左肋前；目隨視右掌。（圖 10-5）

（2）上動不停。左腳蹬地，身勢速前移；同時，右掌上起迅猛前劈，掌外側向前，掌指高約同頭面；左拳同時內旋上起，經面前向左外格於左肩前；目視右掌。（圖 10-6）

【技擊】

外撥劈面掌，意在外撥開敵攻防手臂時，即順敵收勢，由敵手臂內側前劈敵頭面要位。

3. 裏撥劈面掌

（1）上動稍停。右腳向右後移步，身勢隨之左轉；同時 右臂屈肘回收，經面前屈肘立前臂向左裏格，掌指高約與頭平，左拳同時變掌置於右肩前，掌心向右後；目隨

圖 10-7

圖 10-8

視右掌。（圖 10-7）

（2）上動不停。右腳向右前上步，身勢隨之右轉前移；同時，右掌內旋上起迅猛前劈，掌外側向前，掌指高約同頭面，左掌同時抓握於左肩前；目視右掌。（圖 10-8）

【技擊】

裏撥劈面掌，意在內撥開敵攻防手臂時，即順敵收勢，由敵手臂內側前劈敵頭面要位。

圖 10-9

4.封手劈面掌

（1）上動稍停。右腳向後撤步，吞身下沉；同時，右掌屈肘回收，經面前向下封按抓帶，左手隨之向右手前封抓，兩手十指要用力扣緊；目隨視雙手。圖 10-9）

（2）上動不停。左腳抵地，右腿屈蹲後坐成左玄虛式；同時，左手五指扣緊，隨勢向懷中用力拉按；右手同

時變掌上起迅猛前劈 掌外側向前，掌指高約同頭面；目視右掌。（圖 10-10）

【技擊】

封手劈面掌，意在封按住敵攻防手臂，在敵後掙解脫時，即換手封按住敵攻防手臂，隨勢前劈敵頭面要位。

圖 10-10

5.左掄劈面掌

（1）上動稍停。右腳向前上步，身勢前移；同時，右掌屈肘下落回收，經身前由左肩前上起，掌心向左，掌指向上；左掌同時上起，經面前向右下封按；目隨視雙掌。（圖 10-11）

（2）上動不停。左腿蹬伸，右腿前弓成右開弓式；同時，右掌隨勢上起，經面前迅猛前劈，掌外側向前，掌指高約同頭面；左手同時五指扣緊向右肩前拉按；目視右掌。（圖 10-12）

【技擊】

左掄劈面掌，意在以一手封按住敵攻防手時，以另一

圖 10-11

圖 10-12

手內掄前劈敵頭面要位。

6. 右掄劈面掌

（1）上動稍停。右腳蹬地，身勢後移右轉；同時，右掌下落回收，經身右向右肩外側上起，掌心向左，掌指向上；左掌隨之右上起，經面前左撥，屈肘立前臂，掌指向上；目隨視雙掌。（圖10-13）

（2）上動不停。左腳蹬地，身勢前移左轉；同時，左手向左下撥抓擰拉；右掌隨之由頭右側上起迅猛前劈，掌外側向前，掌指高約同頭面；目隨視左掌，轉視右掌。（圖10-14）

【技擊】

右掄劈面掌，意在以一手撥抓敵攻防手時，另一手外掄上起前劈敵頭面要位。

7. 雙挑劈面掌

（1）由兩腳右前左後開立式起。右腳蹬地，身勢後

圖10-13

圖10-14

圖 10-15

圖 10-16

圖 10-17

移，左腿屈蹲後坐成右玄虛式；同時，右手屈肘仰掌置於右腰前；左手同時屈肘俯掌上起於左腮前，兩掌指均向右前成開合守式；目視右前方。（圖 10-15）

（2）上動稍停。左腳向前上步，身勢前移；同時，左掌向身前下落，兩掌心相對，迅速向前插點，腕、指、臂挺直，掌指向前，高約同心窩；目視兩掌。（圖 10-16）

圖 10-18

（3）上動不停。右腳蹬地，身勢前移，右腳隨之向左腳內側提步；同時，兩掌用力上挑，兩臂略屈，兩掌指向上，指高於頭；目隨視兩掌。（圖 10-17）

（4）上動不停。右腳向前落步　右腿屈蹲，左腿蹬直成右開弓式；同時，雙掌隨勢迅猛前劈，掌外側向前，掌指高約同頭面；目視雙掌。（圖 10-18）

【技擊】

雙挑劈面掌，意在以雙手虛擊引敵兩手按壓時，隨即以雙掌上挑開敵兩手臂，順勢前劈敵頭面要位。

8. 雙開劈面掌

（1）上動稍停。左腳向前上步抵地，右腿屈蹲後坐成左玄虛式；同時，兩掌回收，屈肘立前臂，經面前向兩側分磕，兩臂內旋，掌指高約與頭平；目視兩掌。（圖 10-19）

（2）上動不停。右腳蹬地，身勢前移，左腿屈蹲，右腿蹬直成左開弓式；同時，兩掌迅猛前劈，掌外側向前，掌指高約同頭面；目視雙掌。（圖 10-20）

圖 10-19

【技擊】

雙開劈面掌，意在敵以雙摜耳或兩手合擊上盤時，我以雙臂外開敵攻勢手，順敵兩臂內側前劈敵頭面要位。

9. 雙封劈面掌

（1）上動稍停。右腳向前上步抵地，左腿屈蹲後坐成右玄虛式；同時，兩手屈肘，向身前用力封按，兩掌指相對，掌高約同胸、腹；目視雙掌。（圖 10-21）

圖 10-20

圖 10-21

圖 10-22

（2）上動不停。左腳蹬地，右腳向前滑進步，右腿屈蹲，左腿蹬伸成右開弓式；同時，兩掌經面前上起，向前迅猛劈擊，兩掌外側向前，掌指高約同頭面；目視雙掌。（圖 10-22）

【技擊】

雙封劈面掌，意在敵以兩手合擊中盤時，我以雙掌封按住敵攻勢手，並乘敵前傾起手前劈敵頭面要位。

圖 10-23

10. 右撥劈面掌

（1）上動稍停。左腳向前上步，腳前掌抵地，身勢隨之右轉；同時，兩掌回收，屈肘立前臂，經面前用力右撥，掌外側向右前，掌指高約與頭平；目隨視雙掌。（圖 10-23）

（2）上動不停。右腳蹬地，身勢前移左轉，左腳隨之向前滑進步，左腿屈蹲，右腳蹬伸，成左開弓式以助發

圖 10-24

圖 10-25

力；同時，兩掌經面前上起迅猛前劈，掌外側向前，掌指高約同頭面；目視雙掌。（圖 10-24）

【技擊】

右撥劈面掌，意在以雙臂攔撥開敵大力左摜拳時，隨即順敵左臂內側前劈敵頭面要位。

圖 10-26

11. 左撥劈面掌

（1）上動稍停。右腳向前上步抵地，身勢隨之前移左轉；同時，兩掌回收，屈肘立前臂，經面前用力左撥，掌外側向左前，掌指高約與頭平；目隨視雙掌。（圖 10-25）

（2）上動不停。左腳蹬地，身勢前移右轉，右腳隨之向前滑進步，右腿屈蹲，左腿蹬伸成右開弓式以助發力；同時，兩掌經面前上起迅猛前劈，掌外側向前，掌指高約同頭面；目視雙掌。（圖 10-26）

圖 10-27

圖 10-28

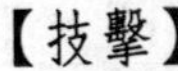
【技擊】

左撥劈面掌，意在以雙臂攔撥開敵大力右摜拳時，隨即順敵右臂內側前劈敵頭面要位。

圖 10-29

12. 雙架劈面掌

（1）上動稍停。左腳向前上步抵地，身勢屈蹲後坐成左玄虛式；同時，兩掌屈肘向身前封按，掌指向內，掌心向下；目視雙掌。（圖 10-27）

（2）上動稍停。右腳蹬地，左腳向前滑進，左腿屈蹲，右腿蹬伸成左開弓式；同時，兩臂屈肘上起，經面前向上叉架，掌外側向上，高約與目平。（圖 10-28）。

（3）上動不停。右腳蹬地，身勢前移，右腳隨之向左腳內側提步；同時，兩臂屈肘向左右用力分撥，掌外側向前，掌指高於頭；目視雙掌。（圖 10-29）

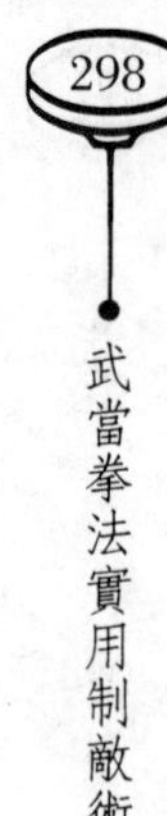

圖 10-30

圖 10-31

圖 10-32

（4）上動不停。右腳向前落步，右腿屈蹲，左腿蹬伸，成右開弓式；同時，兩掌迅猛前劈，掌外側向前，掌指高約同頭面；目視雙掌。（圖 10-30）

【技擊】

雙架劈面掌，意在架住敵上盤劈擊手法時，隨即以剪開手撥開敵攻勢手，順勢前劈敵頭面。

13. 剪挫擒臂手

（1）由右開弓式起。右腳向後撤步，左腿屈蹲後坐，身勢左移右轉；同時，右手屈肘，由外經面前向左用力封拍；左手同時屈肘左上起，向右、向右手前用力封拍，兩掌指高約與目平；目視兩掌。（圖 10-31）

（2）上動稍停。左腳蹬地，右腳向左前滑移成右開弓式；同時，左手五指抓緊用力向右上推託；右手同時五指抓緊用力向左前掰推；目視右手。（圖 10-32）

【技擊】

剪挫擒臂手，意在以雙掌反向拍剪截挫敵攻防手臂時，隨即用托肘擰掰腕手法擒拿住敵手臂。

14.壓肘擒臂手

【技法】

（1）上動稍停。右腳蹬地，身勢後移右閃，左腿屈蹲後坐，右腿蹬伸；同時，左手右上起，經面前向左內旋撥抓；右手同時右下落外旋，成仰掌向上、向左手前托抓，兩手同時迅猛上下抖挫，兩掌高約與肩平；目視兩手。（圖10-33）

（2）上動不停。身勢右前移，兩腿屈蹲成騎馬式；同時，左手五指抓緊，用力外旋向左下擰拉；右掌右上起內旋成俯掌，向身前用力抓按；目視右手。（圖10-34）

【技擊】

壓肘擒臂手，意在以一手撥抓住敵攻防手腕時，隨即以另一臂砸壓敵肘關節外側或擰按擒拿住敵臂。

15.按肩擒臂手

（1）上動稍停。右腿蹬伸，身勢左轉成左橫襠開弓式；同時，左手五指抓緊，用力內旋向左上擰拉；右手同

圖10-33

圖10-34

圖 10-35

圖 10-36

圖 10-37

時上起，向左前用力推按，掌心向左，掌高約與胸平；目視右掌。（圖 10-35）

（2）上動稍停。右腿展腳收步，左腳隨之向右前用力勾翹，腳尖向上；同時，左手五指抓緊，用力向左上擰拉；右手同時立掌向左前用力推按，掌高約與胸平；目視右掌。（圖 10-36）

【技擊】

按肩擒臂手，意在以一手撥抓擰拉住敵攻防手腕時，隨即以滑蹬或勾翹腳抵絆敵腿，同時以另一手按壓敵肩關節，擒拿住敵肘、臂。

16. 纏絲擒臂手

（1）上動稍停。左腳撤步外展，左腿屈蹲後坐，右腳抵地成右玄虛式；同時，右掌經腹前下落，向右前屈肘俯掌平前臂上架於胸前；左拳變掌，屈肘俯掌向右前封按於右腕上側；目視右臂。（圖 10-37）

（2）上動不停。右腳收步外展，右腿屈膝撐穩，左腳

圖 10-38

圖 10-39

圖 10-40

隨之屈提向前下用力截踩，腳尖外展，高約同膝踝；同時，兩手抓緊 右手用力外旋擰拉，右拳心向上；目視左腳。（圖 10-38）

（3）上動不停。左腳收落內扣，身勢隨即右後轉，右腳尖外展；同時，左手抓緊，右手隨轉身用力上挑，經面前向右下俯掌抓按，掌高約與腹平；目隨視右手。（圖 10-39）

【技擊】

纏絲擒臂手，意在以架按手控制住敵攻防手腕時，隨即以小纏纏腕法或大纏纏臂法擒拿住敵肘、臂。

17. 疊肘擒臂手

上動稍停。右腳撤步外展，身勢隨之右轉，左腳向左前上步內扣，兩腿屈蹲成騎馬式；同時，右手屈肘平前臂上架，左手封按於右腕上側，兩臂向身前翻擰之同時，右肘屈疊，猛力向右前橫頂；目視右肘。（圖 10-40）

圖 10-41

圖 10-42

【技擊】

疊肘擒臂手，意在以架按手控制住敵攻防手腕時，隨以纏腕疊肘橫擊敵肘關節外側擒拿住敵肘臂。

18. 托肘擒臂手

（1）上動稍停。身勢右轉，右腳外展抵地，左腿隨之屈蹲後坐成右玄虛式；同時，左手左上起，經面前向右下封按，右手同時仰掌向左手前上托，兩手同時發力抖按上托，高約與肩平；目視兩掌。（圖 10-41）

（2）上動不停。身勢右轉前移；同時，右手五指抓緊，用力向右上拉拽，左手同時抓緊，向上、向左前推掰，兩手高約與肩、胸平；目視左手（圖 10-42）。

上動稍停。右手變掌右上起，左手變掌收於右肘內側成右玄虛守門式。

【技擊】

托肘擒臂手，意在以雙手撥托抓住敵腕、肘關節時，隨即以上下抖挫手托折敵肘、腕，隨勢托肘擰腕擒拿敵肘、臂。

二、武當玄眞拳築基功實用制敵術

武當玄真拳築基功實用制敵術，主要精選了武當玄真拳劈面掌和武當玄真拳擒臂手中的部分實用技法。

武當玄真拳劈面掌是武當玄真拳上盤進攻性手法，有單劈面掌和雙劈面掌。

單劈面掌主要有挑手劈面掌、外撥劈面掌、裏撥劈面掌、封手劈面掌、左掄劈面掌、右掄劈面掌等掌法。

雙劈面掌主要有雙挑劈面掌、雙開劈面掌、雙封劈面掌、左撥劈面掌、右撥劈面掌、雙架劈面掌等掌法。

其中挑手劈面掌、外撥劈面掌、裏撥劈面掌和雙挑劈面掌、雙開劈面掌、左撥劈面掌、右撥劈面掌，掌力迅猛，變勢快，路程短，可稱之為閃電劈面手；其中封手劈面掌、左掄劈面掌、右掄劈面掌和雙封劈面掌、雙架劈面掌，運勁飽滿充沛，發力猛烈深沉，掌力渾厚，穿透力強，可稱之為大力開碑手。劈面掌幅度大小可調控，實用制敵效果良好。

武當玄真拳擒臂手是武當玄真拳擒制性手法，主要精選了剪挫擒臂手、壓肘擒臂手、按肩擒臂手、纏絲擒臂手、疊肘擒臂手和托肘擒臂手。

擒臂手在實戰制敵中主要運用纏絲勁和槓杆力原理擰拉擊打敵攻防手臂之腕、肘、肩等關節，將敵手臂擰傷或折斷，同時以滑蹬或勾翹腳抵絆敵鄰近腿，用手、腳之反向合力或定軸旋轉力制敵倒地而將敵擒住。

1.挑手劈面掌

【運用】

（1）敵我對峙。當我上右步、出左拳直擊敵頭時，被敵左臂架起，我中盤必出現空位，則應嚴防敵出手反擊我要害空位；目視敵攻防手。（圖 10-43）

（2）若敵架起我左臂，出右拳反擊我中、上盤要位；我速移身後閃，以右玄虛式避讓敵拳；左手隨之收回採抓敵右腕，右手刀掌同時迅猛上挑敵左腕、臂；目視敵右拳，轉視其左臂。（圖 10-44）

（3）我將敵左腕挑起後，左腳速蹬地，右腳滑進，以右開弓式逼近敵身；同時，左手扣緊敵右腕，使其不能脫身，右掌隨勢迅猛劈擊敵面門；目視敵頭面。（圖 10-45）

【要點】

上步與挑掌要上下配合，滑進開弓與前下劈掌要一致到位。右手前伸時指尖下垂，由下向上甩起，指腕肌肉繃緊，爆發挑勁，意、氣、力運達右掌腕及指內側。下劈掌

圖 10-43

圖 10-44

要順勢借力，掌、腕肌肉要綳緊，發力要迅猛，意、氣、力運達右掌外側。

2.外撥劈面掌

【運用】

（1）敵我對峙。如果敵右腳上步，右拳虛晃中出左拳直擊我中、上盤；我右腳上步迎敵，左手同時護住中盤，右手刀掌速上起，屈肘立前臂外撥敵左肘、臂；目視敵左臂。（圖10-46）

（2）我左腳蹬地，右腳速向前滑進，以右開弓式緊逼敵身；同時，左手撥擋敵右臂護住中、上盤，右手刀掌隨勢順敵左臂內側迅猛劈擊敵面門；目視敵頭面。（圖10-47）

圖10-45

【要點】

上步迎進與護胸外撥掌要上

圖10-46

圖10-47

下協調。右臂直立內旋，掌、腕肌肉繃緊，爆發螺旋撥勁，意、氣、力運達右臂外側。左手護面、右掌前劈與右開弓式要一致到位，順勢借力，發力要迅猛，意、氣、力運達左臂及右掌外側。

3. 裏撥劈面掌

【運用】

（1）敵我對峙。如果敵進左步，出右拳搶攻我中、上盤空位；我左腳左前上步斜進迎敵，左手防護中盤之同時，速出右手刀掌，屈肘立前臂，向裏橫撥敵右臂；目視敵攻防手。（圖 10-48）

（2）我裏撥開敵右臂，不容敵換勢，右腳速向右前上步，以右開弓式逼近敵身；同時左臂護住中、上盤，右手刀掌乘勢順敵右臂內側迅猛前劈敵面門；目視敵頭面。（圖 10-49）

【要點】

斜上步與裏撥掌要上下協調，進身迎敵要迅速果斷。

圖 10-48

圖 10-49

撥掌時，掌、臂外旋，掌、腕肌肉繃緊，意、氣、力運達右臂外側。上步開弓與右劈面掌要一致到位。劈掌時，掌、腕肌肉要繃緊，順勢借力，發力要迅猛，意、氣、力運達右掌外側。

4.封手劈面掌

【運用】

（1）敵我對峙。如果敵右腳進步，左拳虛晃中出右拳迅猛搶攻我中盤空位；我速撤右腳，身勢後移，避敵拳鋒芒；同時，右手順勢俯掌向下封按敵右腕上側，左手隨之上起於右手前，向下封按敵右臂上側；目視敵右臂。（圖10-50）

（2）我左手封按住敵腕，即順敵拳沖勢扣指向左肩前拉帶，身體沉坐，以左玄虛式穩住身勢；右手同時鬆開敵右腕，成刀掌速翻腕，迅猛前劈敵面門；目視敵頭面。（圖10-51）

【要點】

撤步封按手要上下協調，要乘敵拳沖勢牽動敵重心。

圖10-50

圖10-51

兩手封按換手要快速有力，控制住敵手，意、氣、力運達兩手十指。右手翻掌前劈時，掌、腕肌肉要繃緊，發力要迅猛，意、氣、力運達右掌外側。

5.左掄劈面掌

【運用】

（1）敵我對峙。如果敵右腳進步，左拳虛晃中出右拳直擊我中、上盤空位；我身、步速左閃前移，同時，起左手封抓敵右臂，右手刀掌於左肩前護面或隱藏於左腋下，蓄勢出擊；目視敵右臂。（圖 10–52）

（2）我左手封抓住敵右臂後，不容其換勢解脫，速以右開弓式靠近敵身，左手向左後拉拽或向右腋下推撥敵右臂之同時，右手刀掌速由左側掄起，迅猛前劈敵面門，目視敵頭面。（圖 10–53）

【要點】

身、步左閃前移要與左封撥手上下協調，左手拉拽或向右撥推，要與右手刀掌左掄前劈一致到位。拉拽發力要深沉，左掄臂要圓活，前劈要迅猛，掌、腕肌肉要繃緊，

圖 10–52

圖 10–53

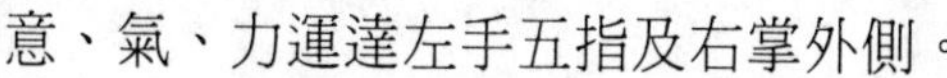
意、氣、力運達左手五指及右掌外側。

6. 右掄劈面掌

【運用】

（1）敵我對峙。如果敵右腳進步，右手虛晃中出左拳直擊我中上盤空位；我身、步速右閃前移，同時，左手右上起，向左旋臂粘撥敵左臂，右手刀掌隨之向右上掄起；目視敵右臂。（圖 10-54）

（2）我左手內旋至手心貼敵腕時，即扣指抓住敵腕用力外旋向左下擰拉，同時，右手刀掌繼續上掄，乘進身右開弓之勢迅猛前劈敵面門；目視敵頭面。（圖 10-55）

【要點】

身、步右閃前移要與左黏撥手上下協調，黏撥轉擰拉要一氣呵成。旋臂運勁發力要深沉；右掌掄劈要圓活。要乘右開弓之勢前劈，發力要迅猛，掌、腕肌肉要繃緊，意、氣、力運達左手五指及右掌外側。

圖 10-54

圖 10-55

7.雙挑劈面掌

【運用】

（1）敵我對峙。若敵進步中出手欲搶攻我中、上盤空位；我右腳速撤步外展，身體後坐下沉 左腳抵地成左玄虛式避敵鋒芒，同時出雙掌插點敵心窩或腋肋要位阻敵攻勢，誘敵起雙手下按我兩手臂，臂、腕、指要繃直；目視敵中盤。（圖10-56）

（2）在敵上步搶攻未完成之際，我雙掌已經插點到其心窩或腋肋要位，敵必會起雙手下按我攻勢手；我在敵雙手下按至腕、臂時，右腳速蹬地身勢前移，雙掌乘勢抖腕猛力上挑敵兩臂，迫使敵手臂上起而頭面空露；目視敵頭面。（圖10-57）

（3）敵處背勢，必後掙欲逃脫攻防距離；我隨勢進右步，以右開弓式緊逼敵身以助發力；同時，雙掌乘勢迅猛劈擊敵頭面要位，迫使敵在其後掙力和我雙掌下劈力之共同作用下仰身後倒；目視敵頭面。（圖10-58）

圖10-56

圖10-57

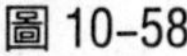
圖 10-58

圖 10-59

【要點】

上述分解動作要連貫協調，迅猛有力，手、身、步要一致到位。左玄虛式要沉身後坐，左虛右實；雙掌插點要迅疾有力，運勁要充沛，發力要短促疾快，意、氣、力運達掌指。兩掌上挑運勁要充沛，發力要迅猛剛脆，意、氣、力運達兩掌臂內側。

雙掌前劈要充分利用身、步前移開弓式增助發力，運勁要飽滿，發力要猛烈深沉，意、氣、力運達雙掌外側。右開弓式要右腿屈蹲，左腿蹬伸　前弓後繃。

8.雙開劈面掌

【運用】

（1）敵我對峙。若敵上步搶攻，以弓步雙摜拳攻擊我頭部要位；我右腳速後撤外展，身體後坐下沉，左腳抵地成左玄虛式避敵拳鋒；同時，兩掌屈肘立前臂由身前上起，經面前內旋向兩側崩磕，將敵兩臂磕開；目視敵臂。（圖 10-59）

（2）我不容敵收拳換勢，右腳速蹬地，身體重心前移，左腳前滑進成左開弓式逼近敵身；同時，雙掌外旋，向前下迅猛劈擊敵頭面，迫使敵仰身後倒；目視敵頭面。（圖 10-60）

圖 10-60

【要點】

撤步玄虛式雙開掌、進步開弓式雙劈面掌要上下一致，連貫完成，分別同時到位。左玄虛式要左腳抵地後坐下沉，虛實分明；雙臂要乘撤身之勢崩磕，運勁要飽滿，發力要剛脆，意、氣、力運集於兩臂外側。

雙掌前劈要充分利用身、步前移左開弓式助增發力，運勁要飽滿，發力要猛烈深沉，意、氣、力運達兩掌外側。左開弓式要左腿屈蹲，右腿蹬伸，前弓後繃。

9. 雙封劈面掌

【運用】

（1）敵我對峙。若敵上步進身，左腳下勾套我右前鋒腿，以雙掌推擊我胸、腹空位，欲將我推跌；我左腳速撤步外展，身體後坐下沉，右腳抵地成右玄虛式，引敵雙掌落空於身前；同時，雙掌從兩側上起，經面前向下封按敵兩腕，迫使敵上體前下傾，並用力沉身後掙；目視敵兩臂，餘光視敵頭面。（圖 10-61）

（2）我乘敵沉坐後掙之勢，左腳速蹬地，身體重心前移，右腳隨之滑進成右開弓式逼近敵身；同時，雙掌速上

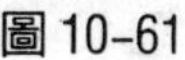
圖 10-61

圖 10-62

起，迅猛前劈敵頭面要位，迫使敵在其沉坐後掙之勢和我開弓前劈掌之力的共同作用下仰身後倒；目視敵頭面。（圖 10-62）

【要點】

玄虛式封按手和開弓式劈面掌要上下協調，連貫迅速，一致到位。上體要在敵雙掌推近身前時，再迅速以右腳蹬地，吞身避讓。雙手封按要向身前引帶敵腕，使其前傾，運勁要充沛，發力要深沉，意、氣、力運集於兩掌心。

雙掌要在敵沉身後掙之際，充分利用進身開弓之勢前劈敵頭面，運勁要飽滿，發力要猛烈深沉，意、氣、力運達兩掌外側。右玄虛式要右腳蹬地後坐下沉，虛實分明。右開弓式要右腿屈蹲，左腿蹬伸，前弓後繃。

10. 右撥劈面掌

【運用】

（1）敵我對峙。若敵上步進身，以大力左摜拳（或左直拳）攻擊我上盤空位；我右腳速撤步外展，身體後坐下

圖 10-63

圖 10-64

沉，左腳抵地內扣成左玄虛式避敵拳鋒；同時，雙掌屈肘立前臂速上起　經面前向右橫撥敵左臂，將敵攻勢手擋於右前方；目視敵右臂。（圖 10-63）

（2）敵左攻勢手被撥開，必會抽身收拳換勢；我乘敵左拳回收、身步撤移之勢，右腳速蹬地，身體重心前移，左腳隨之滑進成左開弓式緊逼敵身；同時，雙掌順勢旋臂抖腕，迅猛前劈敵頭面要位，迫使敵在其抽身收勢和我開弓前劈雙掌之合力作用下仰身後倒；目視敵頭面。（圖 10-64）

【要點】

玄虛式雙撥手和開弓式劈面掌要上下協調，連貫完成。撤步玄虛式要引敵攻勢手落空於面前，雙臂右撥要準確擋住敵左攻勢手臂，運勁要柔順充沛，發力要內含深沉，意、氣、力運集於兩掌臂外側。

雙掌前劈要充分利用敵抽身換招之勢和我右腳蹬地左開弓之勢振臂抖腕前上劈，運勁要飽滿，發力要猛烈深沉，意、氣、力運達兩掌外側。

圖 10-65

圖 10-66

左玄虛式要左腳蹬地，後坐下沉，虛實分明。左開弓式要左腿屈蹲，右腿蹬伸，前弓後繃。

11. 左撥劈面掌

【運用】

（1）敵我對峙。若敵上步進身，以大力右摜拳（或右直拳）攻擊我上盤空位；我左腳速撤步外展，身體後坐下沉，右腳抵地內扣成右玄虛式避敵拳鋒；同時，雙掌屈肘立前臂速上起，經面前向左橫撥敵右臂，將敵攻勢手擋於左前方；目視敵左臂。（圖 10-65）

（2）我乘敵收拳換勢之機，左腳速蹬地，身體重心前移，右腳隨之滑進成右開弓式緊逼敵身；同時，雙掌順勢旋臂抖腕，迅猛前劈敵頭面空位，迫使敵在其抽身收勢和我開弓前劈雙掌之合力作用下仰身後倒；目視敵頭面。（圖 10-66）

【要點】

撤步玄虛式雙撥手要於引敵攻勢手落空之際準確撥擋

住敵右攻勢手臂，運勁要柔順充沛，發力要內含深沉，意、氣、力運達兩掌臂外側。

雙掌撥擋開敵攻勢手即順其臂內側前劈敵頭面，雙掌前劈要充分利用敵抽身換招之勢和我左腳蹬地右開弓之勢振臂抖腕前上劈，運勁要飽滿，發力要猛烈深沉，意、氣、力運達兩掌外側。

右玄虛式要右腳蹬地，後坐下沉，虛實分明。右開弓勢要右腿屈蹲，左腿蹬伸，前弓後繃。

12. 雙架劈面掌

【運用】

（1）敵我對峙。若敵上步進身，出左拳攻擊我中盤空位；我右腳速撤步，沉身後坐成左玄虛式避敵拳鋒；同時，雙手順勢向下封按敵左腕、臂；目視敵左臂。（圖10-67）

（2）若敵左拳沉落回收，右拳掄起劈砸我頭頂要位；我右腳蹬地，身勢迎進，同時，雙臂速上起叉架住敵右

圖 10-67

圖 10-68

臂；目視敵右臂。（圖 10-68）

（3）我雙臂叉架住敵劈拳之際，速向上分撥，屈肘立前臂，將敵右臂分撥至左外側，同時，右腳速蹬地，使身勢前移，右腿隨勢屈收前提；目視敵右臂。（圖 10-69）

（4）我不容敵收拳換勢，右腳速進步，成右開弓式逼近敵身助增發力；同時，雙掌迅猛劈擊敵頭面要位，迫使敵在其後掙力和我雙掌下劈之共同作用下仰身後倒；目視敵頭面。（圖 10-70）

【要點】

上述分解動作要上下協調，連貫完成。兩臂下封上架要準確控制住敵左右腕、臂，運勁要柔順，發力要深沉，意、氣、力運達兩掌心轉至兩臂外側。

兩掌叉架住敵右劈拳後，要順勢外撥前劈，以進身上步右開弓式助增前劈發力，運勁要充沛飽滿，發力要猛烈深沉，意、氣、力運達兩掌外側。

左玄虛式要左腳蹬地，後坐下沉，虛實分明。右開弓式要右腿屈蹲，左腿蹬伸，前弓後繃。

圖 10-69

圖 10-70

13. 剪挫擒臂手

【運用】

（1）敵我對峙。若敵以右格鬥式逼近我，尋機搶攻；我左腳速撤步外展，左腿屈蹲後坐成右玄虛式對敵；同時，右手仰掌屈肘護於右肋前，左手同時立掌屈肘護於左腮前，掌心斜向右成開合手，設中盤空位誘敵出右拳滑進搶攻；目視敵攻勢手。（圖 10-71）

（2）敵滑進中出右拳攻入我中盤空位，我左腳速向左移步，左腿屈蹲後坐，右腳隨之收移步，身勢左閃右轉避開敵右拳攻勢；同時，速起右手內旋屈肘，由外向裏封拍敵右手腕內側，左手同時屈肘下落，由外向裏封拍敵右肘外側，兩手迅猛發力將敵右肘、腕剪折；目視敵右肘、腕。（圖 10-72）

（3）我雙手剪挫折傷敵右肘、腕後，右腳即蹬地，身勢左轉，右腳速向敵右腿外側進步成右開弓式助增發力；同時，左手五指用力向右下抓捏敵右肘上側，右手同時五指抓捏住敵右腕，猛力向前、向下掰按，迫使敵反關節護

圖 10-71

圖 10-72

痛而仰跌；目視敵右臂。（圖 10-73）

【要點】

移步閃身剪挫敵腕肘、上步開弓掰按敵右臂，要上下協調，連貫完成。閃身剪手要一致到位，運勁要飽滿，發力要剛猛，意、氣、力運達兩掌心。兩手掰按敵腕肘要充分利用上步開弓之勢發力，運勁要充沛，發力要猛烈深沉。右玄虛式要右腳抵地，左腿屈蹲後坐，虛實分明。右開弓式要右腿屈蹲，左腿蹬伸，前弓後繃。

14. 壓肘擒臂手

【運用】

（1）敵我對峙。若敵以左格鬥式逼近我身，右拳虛晃中出左拳直擊我上盤空位；我左腳速右移步外展，身勢隨之左轉，左腿屈蹲，右腳內扣，右腿蹬伸，使敵左拳擊空於身前；同時，左手右上起，經面前向左撥抓敵左腕，右拳同時右上起，屈肘立前臂，向左橫磕敵左肘外側，使敵左肘損傷；目視敵左臂。（圖 10-74）

圖 10-73

圖 10-74

圖 10-75

圖 10-76

（2）我右腳蹬地，兩腿屈蹲後坐；同時，左手外旋，用力向左下擰拉敵左腕，右臂同時外旋，屈肘用力向左下滾壓敵左肘外側，迫使敵護痛而前仆倒地；目視敵左臂。（圖 10-75）

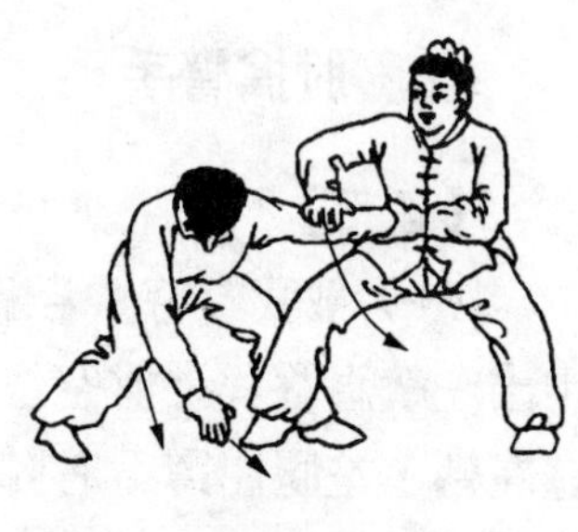
圖 10-77

（3）若敵滑步突進中以左拳直擊我頭面空位；我左腳速撤步外展　左腿屈蹲後坐成右玄虛式避讓敵拳鋒；同時，左手速右上起，經面前向左撥抓敵左腕，右手同時仰掌上起；托抓住敵左肘下側，兩手十指同時用力抓捏住敵腕、肘關節，使敵護痛而力散　目視敵左臂。（圖 10-76）

（4）我不容敵換勢解脫，右腳速向敵前鋒腿內側滑進抵住敵腿，兩腿隨即屈蹲成騎馬式以助發力；同時，左手外旋，用力向左下擰拉敵左腕，右手同時抓捏住敵左肘關節用力內旋向身前擰按，迫使敵護痛而前仆倒地；目視敵左臂。（圖 10-77）

【要點】

撤步閃身避敵要靈活敏捷，撥腕擰拉要順勢借力，左手撥至敵腕即翻掌扣抓，運勁要柔順，發力要深沉；右臂要準確橫磕敵左肘外側，運勁要飽滿，發力要剛猛；意、氣、力運達左手五指及右肘臂外側。

抓腕托肘要與撤步閃身上下協調，運勁要柔順充沛，發力要深沉。擰拉腕按壓肘要與騎馬抵腿協合一致，運勁要飽滿，發力要猛烈深沉；意、氣、力運達兩手十指。右玄虛式要左腿屈蹲後坐，右腳抵地，虛實分明。騎馬式要蹲平扣腳，十趾抓地。

15. 按肩擒臂手

【運用】

（1）敵我對峙。若敵以左格鬥式逼近我，右拳虛晃中出左拳直擊我頭面空位；我速移步閃身，避讓敵攻勢鋒芒之同時，以左手撥抓住敵攻勢手腕，右手仰掌托點敵腋窩。若感知敵前沖之勢較大，則速移步抵住敵前鋒腿，身勢左移轉成左橫襠開弓式以助發力，左手隨勢向左上擰拉敵左腕，右手同時內旋翻掌，扣捏住敵肩關節及肩井穴，用力向左下按壓，迫使敵在我腳抵手擰拉按肩壓之合力作用下仆倒；目視敵中盤。（圖 10-78）

圖 10-78

（2）我左手撥抓擰拉敵左腕、右手按壓敵左肩之

圖 10-79

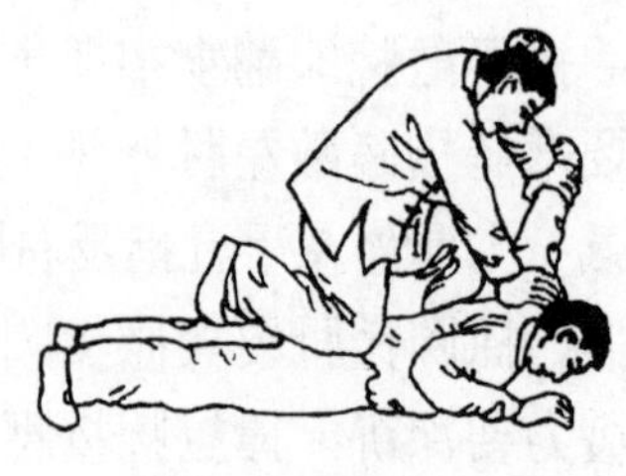
圖 10-80

際，若敵及時移步避開我右抵腿欲穩住身勢；我速移步調整身勢，以左腳勾趟敵鄰近腿，左手繼續用力擰拉敵左腕，右手猛力向左下按壓敵左肩關節或摳按敵肩井穴，迫使敵護痛而仆倒；目視敵左肩。（圖 10-79）

（3）我以抵腿拉腕按壓肩致敵仆倒後，迅速左轉蹲身，以右膝猛力跪頂敵腰椎及腎俞等要位，致使敵腰關節及內臟損傷而喪失反抗能力；同時，右手猛力按壓敵左肩關節後側，左手同時用力抻拉擰掰敵左腕，致敵左肩關節脫位損傷而降服；目視敵左肩、背。（圖 10-80）

【要點】

移步閃身撥抓要敏捷準確，身、手、步要協調一致，運勁要柔順，發力要深沉，意、氣、力運達兩手十指。抵腿、擰拉腕、按壓肩或勾趟腿、擰拉腕、按壓肩要上下相合，一致到位，運勁要充沛飽滿，發力要猛烈深沉，意、氣、力運達兩手十指及右腳踝外側或左腳踝內側。

右膝要充分利用左轉下蹲之勢跪頂敵中盤要位，運勁要充沛，發力要猛烈，意、氣、力運達右膝。

兩手抻按卸肩要配合一致，要爆發抻抖力，運勁要飽滿，發力要迅猛，意、氣、力運達兩手十指。左橫襠開弓式要右腳蹬地，右腿蹬伸，左腿屈蹲，左弓右繃。

16.纏絲擒臂手

【運用】

（1）敵我對峙。若敵以右格鬥式逼近我尋機搶攻；我左腳速撤步外展，左腿屈蹲後坐，右腳抵地成右玄虛守式對敵。敵左拳虛晃中出右拳直擊我頭面空位；我速移步右閃避讓敵攻勢鋒芒，同時左手右上起，經面前向右撥抓敵攻勢手腕，右手同時上起於敵右臂下纏抓敵右臂；目視敵右臂。（圖 10-81）

（2）我控制住敵右臂後，不容敵換勢解脫，左腳速向敵右後上步，同時右前臂向上挑彎敵右肘，左手向敵背後擰別敵右前臂，右手五指隨之扣捏敵肩關節及肩井穴，向右下用力摳按敵肩，以大纏纏臂法迫使敵俯身跪地；目視敵右臂。（圖 10-82）

圖 10-81

圖 10-82

（3）當敵以右格鬥式滑進，出右拳直擊我中盤空位時；我速撤左腳外展，左腿屈蹲後坐，右腳抵地成右玄虛式避讓敵右拳；同時，左手左上起，向身前封按敵右腕，右手同時俯掌屈肘平前臂，由右下向身前上架敵右臂下側，兩手協力將敵右腕、臂架按住；目視敵右臂。（圖10-83）

（4）我不容敵換勢解脫，右腳速撤步，身勢右轉後移以助發力；同時，右手立掌猛力上挑敵右腕，左手用力按住敵右拳背，右手猛力外旋翻腕抓擰敵右腕，左手繼續用力按住敵右拳，以小纏纏腕法迫使敵因反關節護痛背身前俯，隨即速起左腳猛力踹踩敵右膝外側，迫使敵因膝關節外側及半月板損傷而跪地；目視敵右臂，轉視敵右膝。（圖10-84）

【要點】

大纏纏臂、小纏纏腕要因敵我攻防之勢施招。要於移步閃身中纏控敵攻勢腕、臂，運勁要柔順，發力要深沉，意、氣、力運達兩手十指及右前臂上側。

大纏纏臂要於挑彎敵肘、臂之同時掰別敵右前臂，右

圖 10-83

圖 10-84

手摳按敵肩關節及肩井穴要與左手反擰上別敵前臂配合一致。要充分利用上步轉身之勢發力，運勁要飽滿，發力要猛烈深沉，意、氣、力運達兩手十指。

小纏纏腕要於上挑敵右腕豆骨處之同時下按敵拳背，致敵右腕彎曲後即翻抓纏擰敵腕，運勁要飽滿，發力要猛烈深沉，意、氣、力運達兩手十指。

左腳要準確踩敵右膝外側，運勁要飽滿，發力要猛烈深沉，意、氣、力運達左腳掌。右玄虛式要右腳抵地，左腿屈蹲後坐，虛實分明。

17.疊肘擒臂手

【運用】

（1）敵我對峙。若敵滑步突進，右拳虛晃，出左拳直擊我中盤空位；我左腳速撤步外展，左腿屈蹲後坐，右腳抵地成右玄虛式避敵攻勢；同時，右手俯掌屈肘平前臂，由下向身前上架敵左臂下側，左手同時左上起，經身前俯掌向下封按敵左腕，兩手合力架按住敵左腕、臂；目視敵左臂。（圖 10-85）

（2）我不容敵換勢解脫，左腳速蹬地，右腳向敵左腿內側滑進，兩腿屈膝下蹲成騎馬式抵住敵前鋒腿；同時，兩手用力纏抓擰拉敵左腕、臂，隨即右前臂屈疊，右肘猛力向右前頂擊敵左肘外側，

圖 10-85

迫使敵護痛而向前仆倒；目視敵左臂。（圖 10-86）

圖 10-86

【要點】

移步閃身架按敵攻勢手要及時準確，右架左按要一致到位，運勁要柔順充沛，發力要深沉。意、氣、力運達左手五指及右前臂上側。

疊壓肘要充分利用騎馬沉身之勢發力，要準確疊壓敵左肘關節外側。要以抵腿、按腕、頂肘之合力致敵肘、臂折傷。右玄虛式要右腳下抵地，左腿屈蹲後坐，虛實分明。騎馬式要蹲平扣腳，十趾抓地。

圖 10-87

18. 托肘擒臂手

【運用】

（1）敵我對峙。若敵以右格鬥式逼近我，左拳虛晃中出右拳直擊我上盤空位；我身、步速右移閃轉，使敵攻勢手擊空落於身前；同時，左手右上起，經身前向左撥抓敵右腕，右手同時速仰掌上起，托抓住敵右肘下外側，兩手隨即迅猛發力，上托下按抖折敵右肘、臂；目視敵右臂。（圖 10-87）

（2）我乘敵護痛失調之際，右手五指用力抓捏住敵右肘關節向下、向右上拉托，左手五指抓捏住敵右腕猛力向

圖 10-88

圖 10-89

上、向左下掰推，迫使敵護痛而左轉傾身；目視敵右臂（圖 10-88）。我兩手隨身勢左轉繼續用力托掰敵右肘和右腕，迫使敵因反關節護痛而左轉側倒。

圖 10-90

（3）若敵以左格鬥式逼近我身，右拳虛晃中出左拳直擊我上盤空位；我左腳撤步右閃避敵拳鋒，同時，速起左手，經面前左撥抓擰敵左腕，右手同時仰掌上起，托抓敵左肘關節下側，兩手隨即迅猛發力上下抖折敵左肘、臂；目視敵左臂。（圖 10-89）

（4）我乘敵護痛而攻防失調之機，右腳速向右後滑蹬敵左腿，身勢左轉成左橫襠開弓式以助發力；同時，左手向左下用力擰拉敵左腕，右手同時內旋翻擰敵左肘關節，向左下猛力按壓，迫使敵在我腿抵絆、手擰按之合力作用下而仆倒；目視敵左臂（圖 10-90）。隨即以跪膝砸肘技法將敵制服。

【要點】

移步閃身撥抓敵腕肘要及時敏捷，按腕托肘要爆發抖挫力。右手要準確托抖敵肘關節外側，撥抓運勁要柔順，發力要深沉，壓托抖挫運勁要飽滿，發力要迅猛，意、氣、力運達兩手十指。

由敵前腿外側抓托敵右腕、肘後，要順勢抵絆敵腿外側托肘推壓腕，運勁要充沛，發力要猛烈深沉，意、氣、力運達兩手十指。

由敵前腿內側抓托敵左腕、肘後，要順勢抵絆敵腿內側擰拉腕壓按肘，運勁要充沛，發力要猛烈深沉，意、氣、力運達兩手十指及右腳踝外側。左橫襠開弓式要右腳蹬地，右腿蹬伸，左腿屈蹲，左弓右繃。

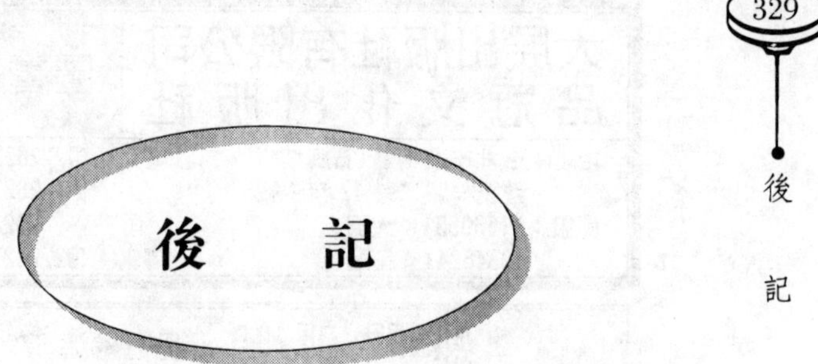

後　記

本書編者均為佳木斯大學體育學院教師。本書之第二章、第三章、第四章、第五章、第六章內容由高俊蘭老師編寫；本書之第七章、第八章、第九章、第十章內容由趙猛老師編寫；本書之其餘內容由賀春林老師編寫；全書由賀春林老師修改定稿；由劉英傑教授主審。

本書疏漏不當之處，敬請讀者批評指正。

編　者

大展出版社有限公司
品冠文化出版社

圖書目錄

地址：台北市北投區（石牌）
致遠一路二段 12 巷 1 號
郵撥：01669551＜大展＞
19346241＜品冠＞
電話：(02) 28236031
28236033
28233123
傳真：(02) 28272069

·熱門新知·品冠編號 67

1. 圖解基因與 DNA （精） 中原英臣主編 230 元
2. 圖解人體的神奇 （精） 米山公啟主編 230 元
3. 圖解腦與心的構造 （精） 永田和哉主編 230 元
4. 圖解科學的神奇 （精） 鳥海光弘主編 230 元
5. 圖解數學的神奇 （精） 柳 谷 晃著 250 元
6. 圖解基因操作 （精） 海老原充主編 230 元
7. 圖解後基因組 （精） 才園哲人著 230 元
8. 圖解再生醫療的構造與未來 才園哲人著 230 元
9. 圖解保護身體的免疫構造 才園哲人著 230 元

·圍棋輕鬆學·品冠編號 68

1. 圍棋六日通 李曉佳編著 160 元

·生活廣場·品冠編號 61

1. 366 天誕生星 李芳黛譯 280 元
2. 366 天誕生花與誕生石 李芳黛譯 280 元
3. 科學命相 淺野八郎著 220 元
4. 已知的他界科學 陳蒼杰譯 220 元
5. 開拓未來的他界科學 陳蒼杰譯 220 元
6. 世紀末變態心理犯罪檔案 沈永嘉譯 240 元
7. 366 天開運年鑑 林廷宇編著 230 元
8. 色彩學與你 野村順一著 230 元
9. 科學手相 淺野八郎著 230 元
10. 你也能成為戀愛高手 柯富陽編著 220 元
11. 血型與十二星座 許淑瑛編著 230 元
12. 動物測驗—人性現形 淺野八郎著 200 元
13. 愛情、幸福完全自測 淺野八郎著 200 元
14. 輕鬆攻佔女性 趙奕世編著 230 元
15. 解讀命運密碼 郭宗德著 200 元
16. 由客家了解亞洲 高木桂藏著 220 元

・女醫師系列・品冠編號 62

1. 子宮內膜症　國府田清子著　200 元
2. 子宮肌瘤　黑島淳子著　200 元
3. 上班女性的壓力症候群　池下育子著　200 元
4. 漏尿、尿失禁　中田真木著　200 元
5. 高齡生產　大鷹美子著　200 元
6. 子宮癌　上坊敏子著　200 元
7. 避孕　早乙女智子著　200 元
8. 不孕症　中村春根著　200 元
9. 生理痛與生理不順　堀口雅子著　200 元
10. 更年期　野末悅子著　200 元

・傳統民俗療法・品冠編號 63

1. 神奇刀療法　潘文雄著　200 元
2. 神奇拍打療法　安在峰著　200 元
3. 神奇拔罐療法　安在峰著　200 元
4. 神奇艾灸療法　安在峰著　200 元
5. 神奇貼敷療法　安在峰著　200 元
6. 神奇薰洗療法　安在峰著　200 元
7. 神奇耳穴療法　安在峰著　200 元
8. 神奇指針療法　安在峰著　200 元
9. 神奇藥酒療法　安在峰著　200 元
10. 神奇藥茶療法　安在峰著　200 元
11. 神奇推拿療法　張貴荷著　200 元
12. 神奇止痛療法　漆 浩 著　200 元
13. 神奇天然藥食物療法　李琳編著　200 元
14. 神奇新穴療法　吳德華編著　200 元

・常見病藥膳調養叢書・品冠編號 631

1. 脂肪肝四季飲食　蕭守貴著　200 元
2. 高血壓四季飲食　秦玖剛著　200 元
3. 慢性腎炎四季飲食　魏從強著　200 元
4. 高脂血症四季飲食　薛輝著　200 元
5. 慢性胃炎四季飲食　馬秉祥著　200 元
6. 糖尿病四季飲食　王耀獻著　200 元
7. 癌症四季飲食　李忠著　200 元
8. 痛風四季飲食　魯焰主編　200 元
9. 肝炎四季飲食　王虹等著　200 元
10. 肥胖症四季飲食　李偉等著　200 元
11. 膽囊炎、膽石症四季飲食　謝春娥著　200 元

・彩色圖解保健・品冠編號 64

1. 瘦身　主婦之友社　300 元
2. 腰痛　主婦之友社　300 元
3. 肩膀痠痛　主婦之友社　300 元
4. 腰、膝、腳的疼痛　主婦之友社　300 元
5. 壓力、精神疲勞　主婦之友社　300 元
6. 眼睛疲勞、視力減退　主婦之友社　300 元

・休閒保健叢書・品冠編號 641

1. 瘦身保健按摩術　聞慶漢主編　200 元

・心 想 事 成・品冠編號 65

1. 魔法愛情點心　結城莫拉著　120 元
2. 可愛手工飾品　結城莫拉著　120 元
3. 可愛打扮 & 髮型　結城莫拉著　120 元
4. 撲克牌算命　結城莫拉著　120 元

・少 年 偵 探・品冠編號 66

1. 怪盜二十面相　（精）　江戶川亂步著　特價 189 元
2. 少年偵探團　（精）　江戶川亂步著　特價 189 元
3. 妖怪博士　（精）　江戶川亂步著　特價 189 元
4. 大金塊　（精）　江戶川亂步著　特價 230 元
5. 青銅魔人　（精）　江戶川亂步著　特價 230 元
6. 地底魔術王　（精）　江戶川亂步著　特價 230 元
7. 透明怪人　（精）　江戶川亂步著　特價 230 元
8. 怪人四十面相　（精）　江戶川亂步著　特價 230 元
9. 宇宙怪人　（精）　江戶川亂步著　特價 230 元
10. 恐怖的鐵塔王國　（精）　江戶川亂步著　特價 230 元
11. 灰色巨人　（精）　江戶川亂步著　特價 230 元
12. 海底魔術師　（精）　江戶川亂步著　特價 230 元
13. 黃金豹　（精）　江戶川亂步著　特價 230 元
14. 魔法博士　（精）　江戶川亂步著　特價 230 元
15. 馬戲怪人　（精）　江戶川亂步著　特價 230 元
16. 魔人銅鑼　（精）　江戶川亂步著　特價 230 元
17. 魔法人偶　（精）　江戶川亂步著　特價 230 元
18. 奇面城的秘密　（精）　江戶川亂步著　特價 230 元
19. 夜光人　（精）　江戶川亂步著　特價 230 元
20. 塔上的魔術師　（精）　江戶川亂步著　特價 230 元
21. 鐵人Q　（精）　江戶川亂步著　特價 230 元
22. 假面恐怖王　（精）　江戶川亂步著　特價 230 元

23. 電人M	（精）	江戶川亂步著	特價 230 元
24. 二十面相的詛咒	（精）	江戶川亂步著	特價 230 元
25. 飛天二十面相	（精）	江戶川亂步著	特價 230 元
26. 黃金怪獸	（精）	江戶川亂步著	特價 230 元

・武　術　特　輯・大展編號 10

1. 陳式太極拳入門	馮志強編著	180 元
2. 武式太極拳	郝少如編著	200 元
3. 中國跆拳道實戰 100 例	岳維傳著	220 元
4. 教門長拳	蕭京凌編著	150 元
5. 跆拳道	蕭京凌編譯	180 元
6. 正傳合氣道	程曉鈴譯	200 元
7. 實用雙節棍	吳志勇編著	200 元
8. 格鬥空手道	鄭旭旭編著	200 元
9. 實用跆拳道	陳國榮編著	200 元
10. 武術初學指南	李文英、解守德編著	250 元
11. 泰國拳	陳國榮著	180 元
12. 中國式摔跤	黃　斌編著	180 元
13. 太極劍入門	李德印編著	180 元
14. 太極拳運動	運動司編	250 元
15. 太極拳譜	清・王宗岳等著	280 元
16. 散手初學	冷　峰編著	200 元
17. 南拳	朱瑞琪編著	180 元
18. 吳式太極劍	王培生著	200 元
19. 太極拳健身與技擊	王培生著	250 元
20. 秘傳武當八卦掌	狄兆龍著	250 元
21. 太極拳論譚	沈　壽著	250 元
22. 陳式太極拳技擊法	馬　虹著	250 元
23. 二十四式/三十二式 太極 拳/劍	闞桂香著	180 元
24. 楊式秘傳 129 式太極長拳	張楚全著	280 元
25. 楊式太極拳架詳解	林炳堯著	280 元
26. 華佗五禽劍	劉時榮著	180 元
27. 太極拳基礎講座：基本功與簡化 24 式	李德印著	250 元
28. 武式太極拳精華	薛乃印著	200 元
29. 陳式太極拳拳理闡微	馬　虹著	350 元
30. 陳式太極拳體用全書	馬　虹著	400 元
31. 張三豐太極拳	陳占奎著	200 元
32. 中國太極推手	張　山主編	300 元
33. 48 式太極拳入門	門惠豐編著	220 元
34. 太極拳奇人奇功	嚴翰秀編著	250 元
35. 心意門秘籍	李新民編著	220 元
36. 三才門乾坤戊己功	王培生編著	220 元
37. 武式太極劍精華＋VCD	薛乃印編著	350 元

38. 楊式太極拳	傅鐘文演述	200 元
39. 陳式太極拳、劍 36 式	闞桂香編著	250 元
40. 正宗武式太極拳	薛乃印著	220 元
41. 杜元化＜太極拳正宗＞考析	王海洲等著	300 元
42. ＜珍貴版＞陳式太極拳	沈家楨著	280 元
43. 24 式太極拳＋VCD	中國國家體育總局著	350 元
44. 太極推手絕技	安在峰編著	250 元
45. 孫祿堂武學錄	孫祿堂著	300 元
46. ＜珍貴本＞陳式太極拳精選	馮志強著	280 元
47. 武當趙堡太極拳小架	鄭悟清傳授	250 元
48. 太極拳習練知識問答	邱丕相主編	220 元
49. 八法拳 八法槍	武世俊著	220 元
50. 地趟拳＋VCD	張憲政著	350 元
51. 四十八式太極拳＋DVD	楊　靜演示	400 元
52. 三十二式太極劍＋VCD	楊　靜演示	300 元
53. 隨曲就伸 中國太極拳名家對話錄	余功保著	300 元
54. 陳式太極拳五功八法十三勢	闞桂香著	200 元
55. 六合螳螂拳	劉敬儒等著	280 元
56. 古本新探華佗五禽戲	劉時榮編著	180 元
57. 陳式太極拳養生功＋VCD	陳正雷著	350 元
58. 中國循經太極拳二十四式教程	李兆生著	300 元
59. ＜珍貴本＞太極拳研究	唐豪・顧留馨著	250 元
60. 武當三豐太極拳	劉嗣傳著	300 元
61. 楊式太極拳體用圖解	崔仲三編著	400 元
62. 太極十三刀	張耀忠編著	230 元
63. 和式太極拳譜＋VCD	和有祿編著	450 元
64. 太極內功養生術	關永年著	300 元
65. 養生太極推手	黃康輝編著	280 元
66. 太極推手祕傳	安在峰編著	300 元
67. 楊少侯太極拳用架真詮	李璉編著	280 元
68. 細說陰陽相濟的太極拳	林冠澄著	350 元
69. 太極內功解祕	祝大彤編著	280 元
70. 簡易太極拳健身功	王建華著	200 元
71. 楊氏太極拳真傳	趙斌等著	380 元
72. 李子鳴傳梁式直趟八卦六十四散手掌	張全亮編著	200 元
73. 炮捶 陳式太極拳第二路	顧留馨著	330 元
74. 太極推手技擊傳真	王鳳鳴編著	300 元
75. 傳統五十八式太極劍	張楚全編著	200 元
76. 新編太極拳對練	曾乃梁編著	280 元
77. 意拳拳學	王薌齋創始	280 元
78. 心意拳練功竅要	馬琳璋著	300 元
79. 形意拳搏擊的理與法	買正虎編著	300 元
80. 拳道功法學	李玉柱編著	300 元

・彩色圖解太極武術・大展編號 102

	書名	作者	定價
1.	太極功夫扇	李德印編著	220 元
2.	武當太極劍	李德印編著	220 元
3.	楊式太極劍	李德印編著	220 元
4.	楊式太極刀	王志遠著	220 元
5.	二十四式太極拳（楊式）＋VCD	李德印編著	350 元
6.	三十二式太極劍（楊式）＋VCD	李德印編著	350 元
7.	四十二式太極劍＋VCD	李德印編著	350 元
8.	四十二式太極拳＋VCD	李德印編著	350 元
9.	16 式太極拳 18 式太極劍＋VCD	崔仲三著	350 元
10.	楊氏 28 式太極拳＋VCD	趙幼斌著	350 元
11.	楊式太極拳 40 式＋VCD	宗維潔編著	350 元
12.	陳式太極拳 56 式＋VCD	黃康輝等著	350 元
13.	吳式太極拳 45 式＋VCD	宗維潔編著	350 元
14.	精簡陳式太極拳 8 式、16 式	黃康輝編著	220 元
15.	精簡吳式太極拳<36 式拳架・推手>	柳恩久主編	220 元
16.	夕陽美功夫扇	李德印著	220 元
17.	綜合 48 式太極拳＋VCD	竺玉明編著	350 元
18.	32 式太極拳（四段）	宗維潔演示	220 元
19.	楊氏 37 式太極拳＋VCD	趙幼斌著	350 元
20.	楊氏 51 式太極劍＋VCD	趙幼斌著	350 元

・國際武術競賽套路・大展編號 103

	書名	作者	定價
1.	長拳	李巧玲執筆	220 元
2.	劍術	程慧琨執筆	220 元
3.	刀術	劉同為執筆	220 元
4.	槍術	張躍寧執筆	220 元
5.	棍術	殷玉柱執筆	220 元

・簡化太極拳・大展編號 104

	書名	作者	定價
1.	陳式太極拳十三式	陳正雷編著	200 元
2.	楊式太極拳十三式	楊振鐸編著	200 元
3.	吳式太極拳十三式	李秉慈編著	200 元
4.	武式太極拳十三式	喬松茂編著	200 元
5.	孫式太極拳十三式	孫劍雲編著	200 元
6.	趙堡太極拳十三式	王海洲編著	200 元

・導引養生功・大展編號 105

	書名	作者	定價
1.	疏筋壯骨功＋VCD	張廣德著	350 元

國家圖書館出版品預行編目資料

武當拳法實用制敵術／賀春林　主編
——初版，——臺北市，大展，2006年〔民95〕
面；21公分，——（實用武術技擊；12）
ISBN 957-468-461-x（平裝）
1. 拳術－中國
528.97　95006274

武當拳法實用制敵術　ISBN 957-468-461-x

主　　編／賀春林
副 主 編／趙　猛　高俊蘭
主　　審／劉英傑
責任編輯／張建林
發 行 人／蔡森明
出 版 者／大展出版社有限公司
社　　址／台北市北投區（石牌）致遠一路2段12巷1號
電　　話／（02）28236031・28236033・28233123
傳　　眞／（02）28272069
郵政劃撥／01669551
網　　址／www.dah-jaan.com.tw
E－mail／service@dah-jaan.com.tw
登 記 證／局版臺業字第2171號
承 印 者／高星印刷品行
裝　　訂／建鑫印刷裝訂有限公司
排 版 者／弘益電腦排版有限公司
授 權 者／北京人民體育出版社
初版1刷／2006年（民95年）6月

定價／300元

大展好書　好書大展
品嘗好書　冠群可期